*Tierschutzrechtliche Problemfelder
im kontemporären Pferdesport*

Tierschutzrechtliche Problemfelder im kontemporären Pferdesport

Rechtliche Betrachtung von Handlungsbedarfen und Entwicklung von Lösungsansätzen für Staat und Verwaltung

von

Lukas Maximilian Sanders

BoD – Books on Demand, Norderstedt, 2016

Bibliographische Information der Deutschen Nationalbibliothek:

Die Deutsche Nationalbibliothek verzeichnet diese Publikation in der Deutschen Nationalbibliographie; detaillierte Informationen sind im Internet über http://dnb.dnb.de/ abrufbar.

© Lukas Maximilian Sanders, 2016

2. Auflage

Herstellung und Verlag: BoD – Books on Demand, Norderstedt

ISBN: 978-3-7386-5483-7

Inhaltsverzeichnis

Inhaltsverzeichnis 5

Glossar 8

Literaturverzeichnis 11

Verzeichnis der sonstigen Quellen 13

Danksagung 17

A. Einleitung 19

B. Grundlagen 22

   I. Akteure 22

   II. Recht im Reitsport 23

      1. Gesetzliche Grundlagen 23

         a. Rechtshistorischer Hintergrund 24

         b. Ausrichtung, Systematik und Besonderheiten des Tierschutzrechtes 25

         c. Überblick über das geltende Recht 26

            aa. Verfassung und Grundnorm 26

            bb. Verbote und Gebote 27

            cc. Erlaubnispflichtige Tätigkeiten 28

            dd. Straf- und Bußgeldvorschriften 29

            ee. Behördliche oder gerichtliche Anordnungen 31

            ff. Sonstige Ermächtigungen 31

         d. Zusammenfassung 32

      2. Normen ohne Gesetzeskraft 32

         a. Leitlinien des Bundes 32

         b. Rechtssystem der *FN* 34

            aa. Tierschutz im Rechtssystem der *FN* 34

            bb. Erlaubnisvorbehalt bei Turnieren 35

            cc. Ordnungsmaßnahmen 36

C. Problemlagen und deren Ursachen 37
   I. Übermäßiger Einsatz von Hilfsmitteln 37
      1. Sensibilisierung von Springpferden 37
      2. Hyperflexion 39
      3. Zäumung 41
      4. Treibmittel 42
      5. Mögliche Ursachen 43
         a. Regelungsmangel, Beschränkungen und unbestimmte Rechtsbegriffe 44
         b. Verhalten und Unwissenheit der Reiter 46
         c. Das Pferd als gefügiges Opfer 47
   II. Turniersport 47
      1. Vielseitigkeitsreiten 47
      2. Unterbringung auf Turnieren 48
      3. Mögliche Ursachen 49
   III. Haltung von Sportpferden 50
      1. Gängige Haltungsbedingungen 51
      2. Mögliche Ursachen 52
   IV. Zusammenfassung 54
D. Mögliche Gegenmaßnahmen 56
   I. Konkretisierende und ergänzende Vorschriften 56
      1. Umgestaltung der Leitlinien Pferdehaltung als Verordnung 56
         a. Konkrete Verbote und Gebote 57
         b. Aufnahme von Bußgeldvorschriften 59
         c. Sachkundenachweis 59
      2. Regelungen zum Pferdesport 60
         a. Konkrete Verbote von Ausbildungs- und Trainingsmethoden 61

  b. Regelungen zu Turnieren 62
  3. Ausweitung der Generalklausel 65
 II. Kontrollen 66
  1. Einheitliche Regelung von Kontrollen 66
  2. Aufgabenübertragung auf die *FN* 68
 II. Nicht-hoheitliche Maßnahmen 70
  1. Aufklärungs- und Öffentlichkeitsarbeit 70
  2. Gemeinsames Gremium mit der *FN* 71
E. Fazit 73
Anhang I – Vorschläge zu Normänderungen 75
 Vorschlag zur Änderung des § 2a TierSchG 75
 Vorschlag zur Änderung des § 3 Satz 1 TierSchG 75
 Vorschlag zur Änderung des § 16a TierSchG 76
 Vorschlag zur Änderung des § 2 TierSchG 77
 Vorschlag zur Einführung einer Tierschutz-
 Pferdehaltungsverordnung 79
 Vorschlag zur Einführung einer Tierschutz-
 Pferdesportverordnung 88
Anhang II – Vorschlag zu einem Kooperations- und
Informationskonzept 97

Glossar

Abreitplatz	siehe *Vorbereitungsplatz*.
Body Condition Score	Auch Body Score; Indexsystem zur Beurteilung vorhandener Fettdepots unter der Haut, um Rückschlüsse auf den Ernährungs- und Gesundheitszustand ziehen zu können.
Concours Complet	siehe *Vielseitigkeitsreiten*.
Concours Hippique International Officiel	Bezeichnung für internationale Pferdesportwettbewerbe der *FEI*; Kombination aus Springreiten und Dressur.
Delegierter [FN]	Delegierter der *FN* oder eines Landesverbands, der bei der Ausrichtung und Überwachung einer Pferdesportveranstaltung beteiligt ist.
Deutsche Reiterliche Vereinigung (FN) e.V.	Nationaler Dachverband des *Pferdesports* und der Pferdezucht in Deutschland.
Fahrsport	Disziplinen des *Pferdesports*, bei denen das Pferd als Zugtier eines Wagens o.ä. dient.
Fédération Équestre Internationale (FEI)	Internationaler Dachverband des *Pferdesports*.
Fédération Équestre Nationale (FN)	siehe Deutsche Reiterliche Vereinigung (FN) e.V.
Gebiss	Gestänge aus Metall im Maul des Pferdes zur Steuerung; Teil der *Trense*.
Gerte	Dünner, umwickelter Stab zum Antreiben des Pferdes.
Graf-Lehndorff-Institut für Pferdewissenschaften	Forschungsinstitut beim Brandenburgischen Haupt- und Landgestüt Neustadt (Dosse) in Kooperation mit der Veterinärmedizinischen Universität Wien.
Halfter	Riemenwerk am Kopf, z.B. zum Halten der *Trense* oder zum Führen des Pferdes.
Hilfszügel	Zusätzliche Zügel, die zu einer besseren Handhabbarkeit führen, aber nicht unbedingt zum Reiten benötigt werden.
Horsemanship	Zusammenwirken und Umgang mit dem Pferd, ursprünglich von englisch für »*Reitkunst*« im Allgemeinen.

Kandare	Zusätzliches Steuerungsinstrument im Pferdemaul, das zusammen mit einem untergelegten Gebiss eine feinere Steuerung ermöglicht.
Leistungsprüfung	Turnier i.e.S.; Prüfung und Beurteilung der reiterlichen Leistung innerhalb eines festen Klassen- und Prüfungssystems.
Natural Horsemanship	Lehre, die Kommunikation und Berücksichtigung von Bedürfnissen und Eigenarten des Pferdes in den Vordergrund stellt und absoluten Gehorsam ablehnt.
Parcours	Aufbau von Hindernissen etc. bei einer Gelände- oder Springprüfung.
People for the Ethical Treatment of Animals (PETA)	International tätiger Tierschutzverein.
Pferdesport	Umfasst alle Disziplinen des *Reit-* und *Fahrsports.*
Rechtsordnung [FN]	Teil der Reglements der *FN*, der vor allem Ordnungsmaßnahmen und Rechtsbehelfe regelt.
Reglement [FN]	Regelwerke der *FN* für Ausbildung, Prüfungen oder Wettbewerbe.
Reitsport	Disziplinen des *Pferdesports*, bei denen das Pferd als Reittier genutzt wird.
Richter [FN]	Schiedsrichter bei Pferdesportveranstaltungen.
Richtlinien [FN]	Lehrwerke für die reiterliche Ausbildung innerhalb der *FN*.
Sperrriemen	Zusätzlicher Riemen am *Halfter* zum Verschließen des Pferdemauls.
Sporen	Längliche, mit einem Dorn oder einem Rädchen endene Metallstücke an Schuhen oder Stiefeln zum Antreiben des Pferdes.
Technischer Delegierter [FN]	Technischer Sachverständiger als *Delegierter* der *FN*, welcher die Sicherheit der technischen Aufbauten und des Parcours bei Vielseitigkeitsprüfungen überwacht.
Trense	Kombination aus Gebiss und Zügeln zur Steuerung des Pferdes.
Vorbereitungsplatz	Übungsplatz bei einem Turnier oder Wettbewerb, auf dem Teilnehmer sich auf den

Wettbewerb im Breitensport [FN]	Wettbewerb bzw. die Prüfung vorbereiten können. In Abgrenzung zur Leistungsprüfung Wettbewerb außerhalb der regulären Prüfungsordnung.
Zäumung	Gesamtheit von *Halfter* und *Trense*.

Nicht gängige Abkürzungen werden im Textteil erläutert.

Literaturverzeichnis

Deutsche Reiterliche Vereinigung e.V. (FN) (Hrsg.): Richtlinien für Reiten und Fahren, 29. Auflage, Warendorf 2012

Freitag, Oliver: Das Beleihungsrechtsverhältnis, 1. Auflage, Baden-Baden 2014

Gerweck, Gerhart: Das Recht der Tiere, 1. Auflage, Stuttgart 1997

Gierse, Winfried: Peitsche, Sporen und Kandare, 1. Auflage, Norderstedt 2000

Heinrich, Bernd: Strafrecht Allgemeiner Teil (Teil 1 und Teil 2 zusammengefasst), Hrsg.: Boecken, Winfried/Korioth, Stefan, 4. Auflage, Stuttgart 2014

Heuschmann, Gerhard: Finger in der Wunde – Was Reiter tun müssen, damit ihr Pferd gesund bleibt, 1 Auflage, Schondorf 2008

Hoffmann, Hans/Schmidt-Bleibtreu, Bruno/Klein, Franz (Hrsg.): Kommentar zum Grundgesetz, 12. Auflage, Köln 2010

Hörnle, Tatjana: Straftheorien, 1. Auflage, Tübingen 2011

Jung, Kirsten: Reiten ohne Zwang, 1. Auflage, Stuttgart 2011

Karadag, Mona: Das nationale Verkehrssicherheitsprogramm 2011 – 2020: Ambitionierte Verkehrssicherheitsarbeit oder Alibi?, Masterarbeit an der Deutschen Hochschule der Polizei, Münster 2011

von Langen, Carl F.: Reiten über Hindernisse, Nachdruck der 1. Auflage, Hildesheim u.a. 1983

Lorz, Albert/Metzger, Ernst (Hrsg.): Kommentar zum Tierschutzgesetz, 6. Auflage, München 2008

Marzinek-Späth, Edel: Pferde A-Z, 2. Auflage, München 1994

Münchener Kommentar zum Strafgesetzbuch, Hrsg.: Lagodny, Otto/Miebach, Klaus/Joecks, Wolfgang, Band 6 – JGG (Auszug), Nebenstrafrecht I, 2. Auflage, München 2013

Schneeberger, Doris: Ethische Missstände im kontemporären Pferdesport, 1. Auflage, Raleigh (NC) 2013

Sparwasser, Reinhard/ Engel, Rüdiger/ Voßkhle, Andreas: Umweltrecht – Grundzüge des öffentlichen Umweltschutzrechts, 5. Auflage, Heidelberg 2003

Stamer, Kirsten: Das Pferd zwischen Ponyhof und Lasagne – Zum medialen Umgang mit Tierschutzfällen am Beispiel des Ponyhofes Staaken und der Reiterin Christine W., Bachelorarbeit an der HMKW – Hochschule für Medien, Kommunikation und Wirtschaft, Berlin 2013

Stashak, Ted S./ Wissdorf, Horst/ Adams, Ora R.: Adams' Lahmheit bei Pferden, Nachdruck der 4. Auflage, Hannover 2008

Treffers, Hugo: Handbuch des Pferdeverhaltens (Reihe Hippologische Handbibliothek), 1. Auflage, Stuttgart 1978

Wiegand, Klaus D.: Die Tierquälerei (Reihe Kriminialwissenschaftliche Abhandlungen, Band 11), 1. Auflage, Lübeck 1979

Youatt, William: Cattle: their breeds, management and diseases, deutscher Titel: Das Pferd, seine Zucht, Behandlung, Structur, Mängel und Krankheiten, übersetzt aus dem Englischen von *Hering, E.*, 1. Auflage, Stuttgart 1837

Verzeichnis der sonstigen Quellen

Amt für Ernährung, Landwirtschaft und Forsten Fürstenfeldbruck (Hrsg.): Sachkundenachweis Pferdehaltung mit Prüfungsmöglichkeit (Internetdokument), verfügbar unter *http://www.aelf-ff.bayern.de/landwirtschaft/tierhaltung/034984/index.php*, zuletzt geprüft am 12. Juni 2015 um 17:07 Uhr

Deutsche Reiterliche Vereinigung e.V. (FN) (Hrsg.): Resolution zur reiterlichen Haltung gegenüber dem Pferd und Pony (Resolution), Potsdam 1991

Dies.: Die Ethischen Grundsätze des Pferdefreundes (Resolution), Altensteig-Wart 1995

Dies.: 100 Jahre FN – 100 Jahre Pferdezucht und Pferdesport in Deutschland (Sonderdruck), unter Mitarbeit von *Hennig, Susanne/Haring, Hanfried*, Warendorf 2005

Dies.: Grundregeln des Verhaltens im Pferdesport – Verhaltenskodex (Resolution), Warendorf 2005

Dies.: Ethik im Pferdesport II – Grundregeln des Verhaltens im Pferdesport (Broschüre), 5. Auflage, Warendorf 2013

Dies.: Leistungs-Prüfungs-Ordnung – Regelwerk für den deutschen Turniersport (Verbandsrichtlinie), Ausgabe 2013 mit 1. und 2. Ergänzungssatz (Stand: 01.01.2015, Warendorf 2013 – 2015

Dies.: Ausbildungs- und Prüfungsordnung – Regelwerk für Ausbildung und Prüfung im deutschen Pferdesport (Verbandsrichtlinie), Ausgabe 2014, Warendorf 2013

Dies.: Beobachtung von Pferd und Reiter – Handlungsleitfaden für den Vorbereitungsplatz (Lehrfilm), verfügbar unter *http://www.pferd-aktuell.de/vorbereitungsplatz/vorbereitungsplatz*, zuletzt geprüft am 12. Juni 2015 um 17:20 Uhr

Dies.: Kriterienkatalog – Hinweise zur Einordnung und Beurteilung insbesondere für Richter auf dem Vorbereitungsplatz, unter Mitarbeit von *Thies, Kaspareit*, Warendorf 2014

Dies.: Sicherheit in der Vielseitigkeit – Task Force nimmt erneut Fahrt auf (Internetdokument), verfügbar unter *http://www.pferd-aktuell.de/vielseitigkeit/sicherheit-in-der-vielseitigkeit/sicherheit-in-der-vielseitigkeit*, zuletzt geprüft am 12. Juni 2015 um 17:22 Uhr

Dies.: Ethik im Pferdesport I – Die Ethischen Grundsätze des Pferdefreundes (Broschüre), 14. Auflage, Warendorf 2015

Dies.: Zahlen, Daten, Fakten 2015 (Pressemitteilung), Warendorf 2015

Kölner Pferde-Akademie Inh. Dr. Barbara Rauch: Sachkundelehrgang Pferdehaltung/Transportbefähigung 05/15 (Internetdokument), verfügbar unter *http://www.koelnerpferdeakademie.de/sachkundelehrgang-pferdehaltungtransportbefaehigung-0515/*, zuletzt geprüft am 12. Juni 2015 um 17:28 Uhr

Lehr- und Versuchsanstalt Hofgut Neumühle: Sachkundelehrgang FN Pferdehaltung – Programm (Internetdokument), verfügbar unter *http://www.hofgut-neumuehle.de/pdfs/sachkundelehrgang-fn-pferdehaltung_2015.pdf*, zuletzt geprüft am 12. Juni 2015 um 17:30 Uhr

o.A.: Boxenhaltung und Rollkur – Urteil mit Folgen für alle, in Cavallo, Heft 5/2012, online verfügbar unter *http://www.cavallo.de/produkte-fuer-pferd-und-reiter-im-test/pferdestall-equipment/boxenhaltung-und-rollkur-urteil-mit-folgen-fuer-alle.622431.233219.htm#1*, zuletzt geprüft am 12. Juni 2015 um 17:33 Uhr, Stuttgart 2012

o.A.: Turnier in Luhmühlen – Vielseitigkeitsreiter tödlich verunglückt, in Frankfurter Allgemeine Zeitung vom 14. Juni 2014, online verfügbar unter *http://www.faz.net/aktuell/sport/mehr-sport/turnier-in-luhmuehlen-vielseitigkeitsreiter-toedlich-verunglueckt-12990256.html*, zuletzt geprüft am 12. Juni 2015 um 17:35 Uhr, Frankfurt am Main 2014

PETA Deutschland e.V. (Hrsg.): PETA Deutschland erstattet Strafanzeige gegen Reiter und Halter des berühmten Pferdes Totilas (Internetdokument), verfügbar unter *http://www.peta.de/totilas#.VVxn5vntlBc*, zuletzt geprüft am 12. Juni 2015 um 17:37 Uhr

Sanders, Lukas M.: Expertengespräch zum Thema Tierschutzrechtliche Problemfelder im Reitsport mit *Unna, Ralf*, Köln 2015

Ders.: Expertengespräch zum Thema Tierschutzrechtliche Problemfelder im Reitsport mit *Miller, Claudia*, Solingen 2015

Ders.: Expertengespräch zum Thema Tierschutzrechtliche Problemfelder im Reitsport mit dem *Landkreis Verden*, Verden (Aller) 2015

Ders.: Expertengespräch zum Thema Tierschutzrechtliche Problemfelder im Reitsport – Schwerpunkt Pferdehaltung mit *Schimanski, Michael*, Hannover 2015

Scheid, Norbert: Tödlicher Sturz überschattet Vielseitigkeitsturnier, in Hamburger Abendblatt vom 17. Juni 2013, online verfügbar unter http://www.abendblatt.de/sport/welt-des-sports/article117177864/Toedlicher-Sturz-ueberschattet-Vielseitigkeitsturnier.html, zuletzt geprüft am 12. Juni 2015 um 17:46 Uhr, Hamburg 2013

Schweizer Tierschutz STS: STS-Merkblatt Pferde (Reihe Tierschutz im Reitsport, Teil 3), online verfügbar unter http://www.tierschutz.com/publikationen/pferde/infothek/mb_pferdesport03.pdf, zuletzt geprüft am 12. Juni 2015 um 17:47 Uhr, Basel 2013

von Schwind, Christiane: Reiten ja – aber bitte pferdefreundlich – Eindrücke von der Cavallo Academy, in Tiere suchen ein Zuhause (Rundfunkbeitrag) vom 14. September 2014, Westdeutscher Rundfunk, online verfügbar unter http://www1.wdr.de/fernsehen/ratgeber/tieresucheneinzuhause/sendungen/pferdefreundliches-reiten100.html, zuletzt geprüft am 12. Juni 2015 um 17:51 Uhr, Köln 2014

Tschöpe, Melanie: Sicher ohne Zaumzeug – So werden Zügel überflüssig, in Cavallo, Heft 5/2015, Seiten 26 – 30, Stuttgart 2015

Wehnert, Christiane: Jetzt wird es richtig eng – Neue Studie zur Rollkur liefert alarmierende Ergebnisse, in Cavallo, Heft 2/2010, online verfügbar unter http://www.cavallo.de/medizin/neue-studie-zur-rollkur-liefert-alarmierende-ergebnisse.386954.233219.htm, zuletzt geprüft am 12. Juni 2015 um 17:54 Uhr, Stuttgart 2010

Danksagung

Eine wissenschaftliche Arbeit ist stets auf aktuelle und praktische Erkenntnisse angewiesen, um die Qualität der Informationsbasis und den Wert für die Praxis zu steigern. Ein besonderer Dank gilt daher allen, die mich im Rahmen von Expertengesprächen, Ortsbegehungen und Befragungen bei der Erstellung dieser Arbeit unterstützt haben.

Herzlich bedanken möchte ich mich daher beim Fachdienst Veterinärwesen und Verbraucherschutz des Landkreises Verden, bei Herrn Dr. Michael Schimanski, Team Veterinärwesen der Region Hannover, Frau Claudia Miller, Veterinärmedizinerin in Solingen, und Herrn Dr. Ralf Unna, Veterinärmediziner in Köln und stellvertretender Vorsitzender des Landestierschutzverbandes NRW für die Teilnahmen an Expertengesprächen.

Ebenfalls herzlich bedanken möchte ich mich bei den Kreisen Paderborn, Steinfurt, Segeberg und Borken, den Landkreisen Vechta und Cloppenburg für die Teilnahme an der Online-Befragung und dem Landkreis Ludwigsburg für die freundliche Unterstützung sowie Frau Julia Stoeckmann und Frau Sybille Stoeckmann, Vorstandsmitglieder des Tierschutzvereins Bönen e.V. und Inhaberinnen des Jugend- und Kinderbauernhofs Speckenhof gemeinnützige UG (haftungsbeschränkt) in Bönen, für die Zusammenarbeit im Rahmen von Ortsbegehungen und Gesprächen.

Ein weiterer Dank gilt Herrn Prof. Dr. Attendorn und Herrn Dr. Breuer als Korrektoren und Betreuer für die freundliche Unterstützung.

Dortmund-Hörde, im November 2015   *Lukas Sanders*

A. Einleitung

Das Pferd hat schon seit Jahrhunderten eine besondere Stellung genossen und als Nutztier für Landwirtschaft und Militär die menschliche Entwicklung und Geschichte beeinflusst; so war es für Landwirte, Ritter und Herrscher Zeichen von Wohlstands und Macht und wurde als Begleiter und Kamerad verehrt[1]. Ähnlich gilt der Reitsport seit jeher als edler bzw. elitärer Sport, was wohl seine Ursachen unter anderem in der engen Verbundenheit mit der Militär- und Jagdreiterei[2], den nicht unerheblichen Kosten, die mit Haltung und Pflege der anspruchsvollen Tiere verbunden sind und der historischen Bedeutung des Pferdes als Wohlstandssymbol hat.

Gleichzeitig wird, besonders in der heutigen Zeit, der Pferdesport immer wieder in Verbindung gebracht mit einer rücksichtslosen Haltung gegenüber Pferden, dem Missbrauch der Tiere als »*Sportgerät*« und einer gewinn- und erfolgsorientierten Ausbeutung, getragen von vereinzelten Skandalen. So war es vor einigen Jahren das Barren bzw. Blistern, welches nicht nur bei engagierten Tierschützern Aufsehen erregte, während heute die Rollkur oder die Disziplinen des Vielseitigkeits- und Distanzsports in der Kritik stehen.

Während sich ein Großteil der Bevölkerung vom Reitsport abwendet, hat sich der Sport in den letzten Jahrzehnten gewandelt. Die *FN* berücksichtigt in Richtlinien und Regelwerken Tierschutzbelange deutlich stärker als früher, die reiterliche Ausbildung bewegt sich weg von einer dominanzgeprägten Vorgehensweise hin zu einer Reitlehre, die auf die Bedürfnisse des Pferdes aktiv eingeht. Dennoch werden einzelne Methoden oder gar ganze Disziplinen scharf kritisiert, Skandale sind immer wieder in den Medien präsent.

Fraglich ist daher, ob die aktuelle Situation ein Indiz dafür ist, dass der Staat und seine Organe das Staatsziel Tierschutz hier verfehlen; ob die Vorschriften den Tierschutzanforderungen nicht genügen oder ob Chancen, durch nicht nur gesetzgeberisches Handeln eine Verbesserung der Situation herbeizuführen, ungenutzt bleiben.

---

[1] *Gerweck*, Recht der Tiere, S. 117.
[2] *FN*, Sonderdruck Jubiläum, S. 2 ff.

Die nachfolgende Arbeit soll nach einer Kurzdarstellung der rechtlichen Situation nebst außergesetzlichen Regelungen aufzeigen, welche Problemfelder der Reitsport aktuell aufweist und mögliche Ursachen hierzu finden. Anschließend sollen unter Heranziehung veterinärmedizinischer, juristischer, sportfachlicher und verwaltungspraktischer Erkenntnisse mit einem Seitenblick auf vergleichbare Regelungen in anderen Rechtsgebieten und außergesetzliche Regelungen Lösungsvorschläge entwickelt werden.

Weder die Darstellung der Problemlagen noch die Ursachenerörterung erheben hierbei Anspruch auf Vollständigkeit sondern richten sich streng nach dem Maßstab einer juristisch-verwaltungspraktischen, lösungsorientierten Sichtweise und lassen Randphänomene außen vor. Da die Problematik des Einsatzes illegaler Medikationen darüber hinaus zwar im Pferdesport eine zunehmende – insbesondere rechtliche – Relevanz hat, allerdings auch im arzneimittelrechtlichen Bereich verankert ist und aufgrund ihres Facettenreichtums eher einer eigenen umfangreichen Betrachtung bedarf, wird dieses Problemfeld im Folgenden nicht betrachtet.

Um auch aktuelle Erkenntnisse aus der Praxis einfließen zu lassen, wurden im Rahmen der fachlichen Recherche Expertengespräche und eine nicht repräsentative stichprobenartige Online-Befragung zu vordefinierten Thesen durchgeführt. Während die Expertengespräche tiefergehende Erkenntnisse, praktische Erfahrungen und umfangreiche Meinungsbilder verschiedener Akteure vermitteln sollten, sollte die Online-Befragung eher Meinungstendenzen verschiedener Behörden aufzeigen. Zur Online-Befragung wurden Veterinärämter verschiedener Landkreise per E-Mail eingeladen. Nach Ablauf der Bearbeitungszeit lagen lediglich sechs Rückmeldungen vor, weshalb das Ergebnis nicht aussagekräftig ist. Im Folgenden dienen die Ergebnisse daher lediglich als Indizien zur Bestätigung gewonnener Erkenntnisse.

Zu Expertengesprächen wurden unter anderem sieben Veterinärbehörden, die *FN*, der Landestierschutzverband NRW schriftlich eingeladen. Zu einem Gespräch haben sich *Dr. Michael Schimanski* als Vertreter des Teams Veterinärwesen der Region Hannover, der Fachdienst Veterinärwesen und Verbraucherschutz des Landkreises Verden, *Dr. Ralf Unna* als Vertreter des Landestierschutzbundes NRW und veterinärmedizinischer Sachkundiger und *Claudia Miller* als veterinärmedizinische Sachkundige bereiterklärt.

Weiterhin konnten im Rahmen einiger Ortsbesuche beim *Jugend- und Kinderbauernhof Speckenhof gUG* in Bönen, welcher als Nutztierarche auch ausgemusterte Reitpferde aufnimmt, sowohl Erkenntnisse aus der reiterlichen Praxis als auch Erkenntnisse über Folgen kritisierter Reitmethoden gewonnen werden.

Allen genannten Personen möchte ich an dieser Stelle nochmals für die freundliche Unterstützung herzlich danken.

Letztlich seien zwei Dinge angemerkt: Erstens soll diese Arbeit weder ein reines Tierschutzplädoyer noch eine Rechtfertigung für den Reitsport sein, sondern vielmehr eine kritische Prüfung des geltenden Rechts sowie eine Entwicklung geeigneter Lösungsansätze vor dem Hintergrund der Grundsätze des Tierschutzrechts und aktueller wissenschaftlicher Erkenntnisse. Es werden daher Interessen aller Seiten berücksichtigt, aber auch hinterfragt. Zweitens sind viele der aufgezeigten Lösungsansätze grundsätzlicher Natur und nur langfristig umsetzbar. Angesichts der aktuellen Situation im Reitsport und der wissenschaftlichen Faktenlage, die den Bedarf grundsätzlicher Änderungen verdeutlichen, scheint dies jedoch angemessen.

B. Grundlagen

Der Analyse der derzeitigen Situation und der Erörterung von Problemfeldern und Lösungsversuchen sei zunächst eine Einführung in die Grundlagen des pferdebezogenen Tierschutzrechts, seiner Grundlagen und Historie und seiner Akteure vorangestellt, um ein grundlegendes Wissen zu vermitteln. Eingegangen wird im Folgenden zunächst auf die Akteure im Tierschutzrecht, gefolgt von einer Übersicht über die Ursprünge sowie Ethos und Systematik des deutschen Tierschutzrechts und einem Überblick nicht nur über relevante gesetzliche Regelungen, sondern auch Leit- und Richtlinien ohne Gesetzeskraft, welche im weiteren Verlauf als Orientierungshilfe dienen sollen.

I. Akteure

Die Aufgaben des Tierschutzgesetzes (TierSchG)[3] nehmen die nach Landesrecht zuständigen Behörden wahr; dies sind bis auf einige Ausnahmen die Kreise bzw. Landkreise und kreisfreien Städte (u.a. § 1 ZustVO Tierschutz NRW[4]; § 1 Abs. 1 Ziff. 10 AllgZustVO-Kom NDS[5]), in Nordrhein-Westfalen als Kreisordnungsbehörden. Die Amtsveterinäre bei den Veterinärämtern sind bei Entscheidungen als Sachverständige heranzuziehen (§ 15 Abs. 2 TierSchG); der Gesetzgeber hat ihnen eine vorrangige Beurteilungskompetenz eingeräumt, sodass das Urteil des Amtsveterinärs im Regelfall maßgeblich für die behördliche Entscheidung ist[6].

Zweiter wichtiger Akteur ist die *Deutsche Reiterliche Vereinigung e.V. (FN)* als nationaler Reitsportverband. Ihr gehören als weltweit

---

[3] Tierschutzgesetz in der Fassung vom 18. Mai 2006 (BGBl. I S. 1206, 1313), zuletzt geändert durch Artikel 3 des Gesetzes vom 28. Juli 2014 (BGBl. I S. 1308).
[4] Verordnung über Zuständigkeiten und zur Übertragung von Ermächtigungen zum Erlass von Rechtsverordnungen auf dem Gebiet des Tierschutzrechts (Zuständigkeitsverordnung Tierschutz Nordrhein-Westfalen – ZustVO Tierschutz NRW) vom 3. Februar 2015, (GV. NRW. S. 212).
[5] Allgemeine Zuständigkeitsverordnung für die Gemeinden und Landkreise zur Ausführung von Bundesrecht (AllgZustVO-Kom) vom 14. Dezember 2004 (Nds. GVBl. 2004, 589).
[6] *OVG Lüneburg*, Urteil vom 18.06.2013, Az. 11 LC 206/12, Rn 28 <openjur> m.w.N.

größte Pferdesportvereinigung[7] aktuell 697.126 Mitglieder in 17 Landesverbänden mit 7.598 Reit- und Fahrvereinen[8] an.

Zudem werden Aufgaben des Tierschutzgesetzes von Landesbehörden, den Umweltministerien der Länder und dem *Bundesministerium für Ernährung und Landwirtschaft (BMEL)* wahrgenommen. Das Tierschutzgesetz schreibt weiterhin eine Kommission der Vollzugsbehörden zur Unterstützung bei Tierversuchsvorhaben (§ 15 Satz 2) und eine Tierschutzkommission auf Bundesebene vor, welche auch bei dem Erlass von Rechtsverordnungen im Tierschutzrecht anzuhören ist (§ 16b).

II. Recht im Reitsport

Das deutsche Tierschutzrecht enthält hinsichtlich der Haltung und Handhabung von Pferden, anders als bei landwirtschaftlichen Nutztieren oder Heimtieren[9], nur wenige spezielle Vorschriften. Für den Reitsport sind daher fast ausschließlich das Tierschutzgesetz sowie die Tierschutztransportverordnung (TierSchTrV)[10] relevant.

Neben den gesetzlichen Regelungen existieren zudem Verbandsrichtlinien der *FN*, welche, durch den Einfluss der *FN* als wichtigster nationaler Reitsportverband und die hiermit verbundene Angewiesenheit des ambitionierten Reitsportlers darauf, sich im Einflussbereich der *FN* zu betätigen, letztlich ähnlich relevant wie die gesetzlichen Normen sind.

1. Gesetzliche Grundlagen

Für eine kritische Betrachtung gesetzlicher Regelungen ist es unabdingbar, auch deren historische Entwicklung und die Motive des Gesetzgebers, d.h. auch die Ziele der Norm und die zugrunde-

---

[7] *FN*, Daten, S. 1.
[8] *FN*, Daten, S. 1.
[9] Vgl. u.a. Tierschutz-Nutztierhaltungsverordnung (TierSchNutztV) in der Fassung vom 22. August 2006 (BGBl. I S. 2043), zuletzt geändert durch Artikel 1 der Verordnung vom 5. Februar 2014 (BGBl. I S. 94).
[10] Tierschutztransportverordnung (TierSchTrV) vom 11. Februar 2009 (BGBl. I S. 375), geändert durch Artikel 7 der Verordnung vom 12. Dezember 2013 (BGBl. I S. 4145).

liegende Ethik, zu betrachten. Vor der Beschreibung der rechtlichen Grundlagen soll daher ein kurzer Abriss der Geschichte und Systematik des Tierschutzrechts gegeben werden.

a. Rechtshistorischer Hintergrund

Während bereits einige frühe Kulturen gesetzliche Regelungen zum Tierschutz, wenn auch aus wohl anthropozentrischen Motiven, kannten, haben sich in deutschen Gebieten erst im 19. Jahrhundert Ansätze eines Tierschutzrechts entwickelt[11]. Während in einigen deutschen Ländern übermäßige Belastung von Tieren und Tierquälerei aus anthropozentrischen Motiven u.a. der Ressourcenerhaltung unter Strafe gestellt und verboten wurden[12], etablierte sich u.a. in Preußen der Ansatz, tierquälerische Handlungen als sittenwidrig zu verbieten. Verboten war die Tierquälerei nur in Verbindung mit der Erregung öffentlichen Ärgernisses[13]. Auch im ersten gesamtdeutschen Strafgesetzbuch[14] war die Tierquälerei Teil der Straftaten gegen die Sittlichkeit und ebenfalls nur in Verbindung mit der Erregung öffentlichen Ärgernisses strafbar; erst 1933 wurde dieses Tatbestandsmerkmal außer Acht gelassen und ein ethisches Tierschutzrecht[15] etabliert, welches den Tierschutz um des Tieres Willen und nicht lediglich zum Schutz der öffentlichen Ordnung in den Mittelpunkt stellt[16].

Mit Erlass des Tierschutzgesetzes 1933[17] wurde erstmals ein umfassendes Regelwerk zum Schutze der Tiere geschaffen[18]. Das TierSchG blieb nach 1945 zunächst sowohl in der BRD als auch in der DDR in Kraft und bildete auch die Grundlage für das erste bundesdeutsche Tierschutzgesetz, welches durch wissenschaftliche und wirtschaftliche Entwicklungen notwendig geworden war und sich an die geänderte Gesamtlage anpasste[19]. Im Jahre 2002

---

[11] *Wiegand*, Tierquälerei, S. 25 ff. m.w.N.
[12] a.a.O., S. 32 m.w.N.
[13] a.a.O., S. 34 m.w.N.
[14] a.a.O., S. 37 m.w.N.
[15] Siehe auch zum Begriff der Umweltethik *Sparwasser* et al., Umweltrecht, S. 19 f.
[16] *Wiegand,* Tierquälerei, S. 37 ff. m.w.N.
[17] Tierschutzgesetz (TSchG) in der Fassung vom 24. November 1933 (RGBl. I 1933 S. 132).
[18] *Wiegand*, Tierquälerei, S. 39 ff m.w.N.; *Metzger*, Einführung, Rn. 49.
[19] *Metzger*, Einführung, Rn. 51.

hat der Gesetzgeber schließlich den Tierschutz zum Staatsziel erhoben (Art. 20a Grundgesetz[20]).

Bis heute wurde das Tierschutzgesetz mehrfach aufgrund aktueller Entwicklungen geändert. Weiterhin ist es aufgrund der Vielzahl offen formulierter Tatbestandsmerkmale und Generalklauseln fähig, sich ständigen Änderungen in der Gesamtlage des Tierschutzes in Auslegung und Rechtsprechung anzupassen[21].

b. Ausrichtung, Systematik und Besonderheiten des Tierschutzrechtes

Während beispielsweise im Sachen-, Fischerei- oder Jagdrecht das Tier als Ressource geschützt wird,[22] erhebt das Tierschutzgesetz das Tier zum Mitgeschöpf und schützt es um seiner selbst willen. Gesetzeszweck ist der Schutz des Lebens und Wohlbefindens des Tieres, erwachsen aus der Verantwortung des Menschen für das Tier als Mitgeschöpf (§ 1 Satz 1 TierSchG). Nach Auffassung des Oberlandesgerichts Hamm ist das geschützte Rechtsgut hierbei *»die sittliche Ordnung in den Beziehungen zwischen Mensch und Tier«*[23]; dies meint, dass der Mensch als eingebettet in die lebende Umwelt zu einem verantwortungsvollen und sittlichen Umgang mit dem Tier verpflichtet sein soll[24]. Hier rückt wiederum die historische Herkunft der Tierschutznormen in den Vordergrund; das deutsche Tierschutzrecht will nicht nur vermeidbare Schäden von Tieren abwenden, sondern auch den verantwortungsvollen – sittlichen – Umgang des Menschen mit dem Tier fördern.

Der Gesetzgeber bedient sich Instrumenten der direkten und indirekten Verhaltenssteuerung wie Verboten, Anzeige- und Genehmigungspflichten oder Berichtspflichten[25]. Hierbei erfolgt keine umfassende Regelung des Zusammenlebens von Mensch und Tier

---

[20] Grundgesetz für die Bundesrepublik Deutschland (Grundgesetz – GG) in der im Bundesgesetzblatt Teil III, Gliederungsnummer 100-1, veröffentlichten bereinigten Fassung, zuletzt geändert durch Artikel 1 des Gesetzes vom 23. Dezember 2014 (BGBl. I S. 2438).
[21] *Metzger*, Einführung, Rn 57.
[22] a.a.O., Rn. 60 ff.
[23] *OLG Hamm* in NuR 1985, 200.
[24] *Metzger*, Einführung, Rn 62 m.w.N.
[25] *Metzger*, Einführung, Rn. 59.

sondern vielmehr eine Vorgabe von Mindeststandards[26], die im Umgang mit Tieren einzuhalten sind.

Besonders herauszustellen ist das auch in anderen Bereichen des Umweltrechts übliche Vorsorgeprinzip[27][28]; bereits das Entstehen einer Gefahr für das Tier soll beispielsweise durch Vorgabe von Haltungsanforderungen verhindert werden. Dies gilt allerdings nicht für die behördliche Ermächtigungsnorm des § 16a TierSchG (siehe unten).

Weiterhin gilt zu beachten, dass im deutschen Tierschutzrecht viele konkretisierende Normen keine spezialgesetzlichen Regelungen im engeren Sinne sind. Durch das Hinzufügen weiterer Merkmale sind diese zwar formell spezieller, allerdings gehen die allgemeinen Tierschutzregelungen unmittelbar aus der menschlichen Sittenordnung hervor und können durch diese konkretisierenden Normen daher nicht eingeschränkt werden; das Vorhandensein einer Spezialnorm schließt folglich die Anwendung der allgemeinen Norm nicht aus[29]. Nur wenn der Regelungsgehalt der Spezialnorm den der allgemeinen Norm ausschöpft, ist die Spezialnorm alleinig anzuwenden.

c. Überblick über das geltende Recht

Nachfolgend soll ein Überblick über die geltenden Regelungen gegeben werden, welche für den Reitsport und daher auch die nachfolgenden Erörterungen eine besondere Relevanz haben.

aa. Verfassung und Grundnorm

Über allen Normen steht der Artikel 20a Grundgesetz, welcher den Schutz der Tiere als Staatsziel definiert. Bei der Aufnahme der Tiere in den Art. 20a GG stand der Wille im Vordergrund, »*den einfachgesetzlich normierten Tierschutz zu stärken und die Wirksamkeit tierschützender Bestimmungen sicher[zu]stellen*«[30]. Das Tier soll als Mitgeschöpf geachtet und vor vermeidbaren Leiden, Schäden und Schmerzen geschützt werden, wodurch einem aus der Leidens- und Empfindungsfähigkeit von Tieren erwachsenen

---

[26] a.a.O., Rn 68.
[27] a.a.O., Rn 69.
[28] *Sparwasser* et al. 2003, S. 70 ff.
[29] *Metzger*, Einführung, Rn. 67.
[30] BT-Drs. 14/8860, S. 3.

Gebotes zu einem verantwortungsvollen Umgang und einem ethischen Mindestmaß für menschliches Verhalten Rechnung getragen wird[31]. Das Schutzniveau ist hierbei an das Maß der Leidens- und Empfindungsfähigkeit gekoppelt, d.h. dass z.B. auch Tiere, bei denen ein Schmerzempfinden nicht nachgewiesen ist, zu schützen sind, allerdings in einem geringeren Maße als höherentwickelte Tiere[32].

Der Gesetzgeber ist hierdurch aufgerufen, Tierschutzbelange in Gesetzen und Verordnungen zu berücksichtigen und zu fördern[33]; gleichermaßen gilt die Staatszielbestimmung jedoch auch für Judikative und Exekutive als Auslegungs- und Abwägungshilfe[34] und als Verpflichtung, auch hinsichtlich Tierschutzgesichtspunkten Ermittlungsmöglichkeiten so weit wie möglich auszuschöpfen[35].

Art. 20a GG bezieht sich hierbei nicht nur auf das einzelne Tier; auch der Bestand von Tieren als Gattung und der Schutz der Lebensräume der Tiere sind Gegenstände des Staatsziels[36].

Weitaus älter als die Staatszielbestimmung des Art. 20a GG ist der Tierschutzgrundsatz des § 1 TierSchG. Er enthält in Satz 1 das Bekenntnis des Gesetzgebers zum ethischen Tierschutz und definiert als prägender Leitsatz des Tierschutzrechts rechtlichen Maßstab und Hauptfragen des Tierschutzes[37]; Leben und Wohlbefinden des Tieres als Mitgeschöpf sollen aus der Verantwortung des Menschen heraus geschützt werden. § 1 Satz 1 TierSchG ist ebenfalls als Auslegungsgrundsatz und Leitsatz für das Verwaltungshandeln zu verstehen[38].

bb. Verbote und Gebote

§ 1 Satz 2 TierSchG enthält ein allgemeines Verbot, einem Tier ohne vernünftigen Grund Schmerzen, Leiden oder Schäden zuzufügen. Diese Generalklausel ist dann anwendbar, wenn spezielle

---

[31] BT-Drs. 14/8860, S. 3; *Metzger*, Art. 20a GG Rn. 3.
[32] BT-Drs. 14/8860, S. 3; *Metzger*, Art. 20a GG Rn. 4.
[33] *Metzger*, Art. 20a GG, Rn. 12; BT-Drs. 14/8860, S. 3.
[34] a.a.O., Rn. 13.
[35] a.a.O., Rn. 15 f.
[36] BT-Drs. 14/8860, S. 3.
[37] *Metzger*, § 1, Rn. 1, 2.
[38] *Metzger*, § 1, Rn. 3 f.

Verbote nicht bestehen den Regelungsgehalt der allgemeinen Vorschrift nicht ausschöpfen (siehe Seite 26)[39].

Weiterhin nennt § 3 einen Katalog von verbotenen Tatbeständen. Für den Reitsport relevant sind hier vor allem das Überforderungsverbot (Ziff. 1 und 1a), das Verbot leistungssteigernder Maßnahmen (Ziff. 1b) und das Verbot schädlicher Ausbildungs- und Trainingsmethoden (Ziff. 5).

Ebenfalls verboten sind die Darreichung schädlichen Futters (Ziff. 10) und die Anwendung stromführender Geräte, die das Verhalten und insbesondere das Bewegungsverhalten der Tiere beeinflussen sollen (Ziff. 11).

Maßgeblich ist hierbei, dass dem Tier erhebliche Schmerzen, Leiden oder Schäden zugefügt werden müssen.

Der Halter oder Betreuer eines Tieres ist weiterhin nach § 2 verpflichtet, es bedürfnis- und verhaltensgerecht unterzubringen, zu ernähren und zu pflegen (Ziff. 1); die Möglichkeiten artgemäßer Bewegung darf nicht eingeschränkt werden, wenn hierdurch Schmerzen oder vermeidbare Leiden oder Schäden entstehen (Ziff. 2) und die für die angemessene Ernährung, Pflege und Unterbringung erforderliche Sachkunde und Fähigkeiten zu besitzen.

cc. Erlaubnispflichtige Tätigkeiten

§ 11 TierSchG benennt einige gewerbliche Tätigkeiten als erlaubnispflichtig. Hier ist vor allem die Unterhaltung eines Reit- oder Fahrbetriebes bedeutsam (§ 11 Abs. 1 Ziff. 3 Lit. c), wobei es sich tatsächlich um einen gewerblichen Betrieb handeln muss; gewerbliche Reitschulen und sonstige Haltungen sind daher von der Erlaubnispflicht umfasst, die private Haltung oder vereinsmäßige Reitschulen und Reitställe hingegen nicht[40].

Voraussetzungen für die Erteilung der Erlaubnis (Abs. 2) sind Sachkunde (Ziff. 1) und Zuverlässigkeit (Ziff. 2) sowie das Vorhandensein geeigneter Räume und Einrichtungen (Ziff. 3), die eine tierschutzgerechte Ernährung, Pflege und Unterbringung der Tiere ermöglichen.

---

[39] a.a.O., Rn. 13 ff.
[40] *Metzger*, § 11, Rn. 20, 22.

Die Erlaubnis kann befristet und mit Auflagen verbunden werden (Abs. 2a); die Ausübung einer erlaubnispflichtigen Tätigkeit ohne Genehmigung soll von der zuständigen Behörde untersagt werden (Abs. 3 Satz 2) und kann auch durch Schließung der Betriebs- oder Geschäftsräume verhindert werden (Abs. 4).

dd. Straf- und Bußgeldvorschriften

In § 17 TierSchG sind drei Straftatbestände genannt. Strafbar sind hiernach die Tötung eines Wirbeltieres ohne vernünftigen Grund (Satz 1 Ziff. 1), das Zufügen erheblicher Schmerzen oder Leiden aus Rohheit (Ziff. 2 Lit. a) und das Zufügen länger anhaltender oder sich wiederholender erheblicher Schmerzen oder Leiden (Ziff. 2 Lit. b). Ein Vergehen kann mit bis zu drei Jahren Freiheitsstrafe oder Geldstrafe geahndet werden (Satz 1).

Ein Rechtfertigungsgrund liegt unter anderem vor, wenn die Tötung im Interesse des Tieres liegt (z.B. Euthanasie) oder gesellschaftlich anerkannt ist (z.B. Schlachtung oder Angeln)[41].

Bei der Tiermisshandlung aus Rohheit ist entscheidend, ob dem Tier erhebliche, das heißt »*sowohl nach Art als auch nach Dauer gewichtige*«[42] Schmerzen oder Leiden zugefügt wurden und ob diese aus Rohheit zugefügt wurden, d.h. wenn die Tathandlung »*einer gefühllosen, fremde Leiden missachtenden Gesinnung entspringt*«[43].

Auf die Erheblichkeit der zugefügten Schmerzen oder Leiden kommt es auch beim Straftatbestand der quälerischen Tiermisshandlung an, zusätzlich müssen diese länger anhaltend oder sich wiederholend sein.

Nur Vorsatz und bedingter Vorsatz sind strafbar, d.h. dass der Täter den Taterfolg vorsätzlich herbeigeführt oder billigend in Kauf genommen haben muss[44]. Eine Strafbarkeit der fahrlässigen Begehung scheidet aus, da dies ausdrücklich im Gesetz genannt sein

---

[41] a.a.O., § 17, Rn. 10 ff.; zu Rechtfertigungsgründen und zur Rechtswidrigkeit siehe auch *Heinrich*, Strafrecht, S. 120 ff; zum Begriff des vernünftigen Grundes *Maisack, Christoph*: Zum Begriff des vernünftigen Grundes im Tierschutzrecht, 1. Aufl., Baden-Baden 2007.
[42] Metzger, § 17, Rn. 30.
[43] *Metzger*, § 17, Rn. 32 m.w.N.
[44] a.a.O., Rn. 8; *Wiegand*, Tierquälerei, S. 52.

müsste (§ 15 Strafgesetzbuch[45]). Auch der Versuch ist, da nicht ausdrücklich in der Strafnorm aufgeführt, straffrei (§ 23 Abs. 1 StGB).

Die fahrlässige verbotene Tötung eines Tieres kann jedoch eine Ordnungswidrigkeit darstellen, ebenso der Versuch, wenn hierdurch eine Schädigung des Tieres erfolgt ist[46].

Bußgeldtatbestände sind im § 18 TierSchG aufgezählt. Unter anderem sind dies Verstöße gegen die Verbote aus § 3 TierSchG (§ 18 Satz 1 Ziff. 4) sowie das Zufügen erheblicher Schmerzen, Leiden oder Schäden durch den Halter oder Betreuer eines Wirbeltieres ohne vernünftigen Grund (Satz 1 Ziff. 1) oder jede weitere Form des Zufügens erheblicher Leiden, Schmerzen oder Schäden (Absatz 2).

Ein Bußgeldtatbestand mit einem direkten Verweis auf die allgemeinen Ver- und Gebote (§ 1 Satz 2 und § 2) besteht nicht.

Da ausdrücklich im Gesetz benannt, sind sowohl die vorsätzliche als auch die fahrlässige Begehung abgedeckt. Der Versuch ist hingegen nicht zu ahnden, da die hier notwendige ausdrückliche Nennung im Gesetz fehlt (§ 13 Abs. 2 OWiG[47]); oft wird aber der Versuch den Bußgeldtatbestand einer anderen Vorschrift, insbesondere den des Abs. 1 Ziff. 1 und des Abs. 2 erfüllen[48].

Die hier genannten Ordnungswidrigkeiten können bei vorsätzlicher Begehung mit Geldbuße bis zu fünfundzwanzigtausend Euro geahndet werden (Abs. 4), bei fahrlässiger Begehung mit zwölftausendfünfhundert Euro (§ 17 Abs. 2 OWiG)[49].

---

[45] Strafgesetzbuch (StGB) in der Fassung der Bekanntmachung vom 13. November 1998. (BGBl. I S. 3322), zuletzt geändert durch Artikel 1 des Gesetzes vom 21. Januar 2015 (BGBl. I S. 10).
[46] *Metzger*, § 17, Rn. 9.
[47] Gesetz über Ordnungswidrigkeiten (Ordnungswidrigkeitengesetz – OWiG) in der Fassung der Bekanntmachung vom 19. Februar 1987 (BGBl. I S. 602), zuletzt geändert durch Artikel 4 des Gesetzes vom 13. Mai 2015 (BGBl. I S. 706).
[48] *Metzger*, § 18 Rn. 4.
[49] a.a.O., § 18, Rn. 5.

ee. Behördliche oder gerichtliche Anordnungen

Liegt eine Straftat nach § 17 TierSchG oder eine der oben bezeichneten Ordnungswidrigkeiten (mit Ausnahme des § 18 Abs. 2) vor, so kann die Verfolgungsbehörde das Tier, auf welches sich die Tathandlung bezieht, einziehen (§ 19 TierSchG). Diese Entscheidung liegt im Ermessen der Verfolgungsbehörde[50].

Weiterhin kann ein Gericht in einem Urteil das Halten von Tieren dauerhaft oder auf Zeit verbieten, sofern eine Person rechtskräftig wegen einer Straftat nach § 17 verurteilt oder nur wegen mangelnder Schuldfähigkeit freigesprochen wurde und wenn Wiederholungsgefahr besteht (§ 20 Abs. 1). Auch dieses Verbot liegt im Ermessen des Gerichts[51]. Das Verbot kann bei dringender Wiederholungsgefahr auch vorläufig mit Beschluss ausgesprochen werden (§ 20a). Ein Verstoß gegen ein Verbot nach § 20 oder § 20a stellt wiederum eine Straftat dar (§ 20 Abs. 3 bzw. § 20a Abs. 3).

Die zuständige Behörde kann weiterhin nach § 16a Abs. 1 Satz 1 zur Beseitigung festgestellter Verstöße und zur Verhinderung zukünftiger Verstöße die notwendigen Anordnungen treffen. Hierbei muss, analog zum allgemeinen Polizei- und Ordnungsrecht, zumindest eine konkrete Gefahrenlage vorliegen; der bloße Gefahrenverdacht oder ein Gefahrenpotential reicht hierfür nicht aus[52].

Satz 2 konkretisiert diese allgemeine Anordnungsbefugnis und nennt beispielhaft einige insbesondere mögliche Anordnungen, unter anderem die Entziehung von Tieren, das Verbot der Tierhaltung oder die Anordnung zur Erlangung eines Sachkundenachweises.

Zu beachten ist, dass insbesondere bei der Anordnung von Haltungsbedingungen die Behörde nicht an die in konkretisierenden Normen genannten Mindeststandards gebunden ist, sondern weitergehende Anordnungen treffen kann (siehe Seite 26).

ff. Sonstige Ermächtigungen

Das Tierschutzgesetz enthält unter anderem die Ermächtigung des *BMEL*, Rechtsverordnungen zu erlassen, die die Haltungs- und

---

[50] a.a.O., § 19, Rn. 6.
[51] a.a.O., § 20, Rn. 7, 11.
[52] *VGH Baden-Württemberg*, Beschluss vom 09.08.2012, Az. 1 S 1281/12, Rn. 6 f. m.w.N.

Pflegeanforderungen des § 2 konkretisieren (§ 2a), die Überwachungsaufgaben der Veterinärbehörden näher bestimmen und Ermächtigungsgrundlagen bzw. Vorschriften für bestimmte Untersuchungen enthalten (§ 16 Abs. 5) und die Anforderungen an die Erlaubniserteilung nach § 11 näher bestimmen (§ 11 Abs. 2).

d. Zusammenfassung

Bei den hier betrachteten Vorschriften ist auffällig, dass durchgehend die Erheblichkeit zugefügter Schmerzen, Leiden und Schäden Tatbestandsmerkmal ist, welche im Einzelfall nachzuweisen ist. Allgemein enthält das Tierschutzgesetz eine Reihe unbestimmter Rechtsbegriffe.

Es fällt weiterhin hinsichtlich der Bußgeld- und Strafvorschriften auf, dass die fahrlässige Begehung einer Straftat nach § 17 ausgeschlossen ist und dass ein Verstoß gegen die Haltungsanforderungen des § 2 unmittelbar keinen Bußgeldtatbestand darstellt.

Hinsichtlich der Ausrichtung des Tierschutzrechtes lässt sich konstatieren, dass nicht nur die Tiere als Mitgeschöpf sowie als Art, sondern auch der sittliche Umgang mit dem Tier geschützt werden sollen.

Die anthropozentrische Tendenz ist zudem gering ausgeprägt; im Vordergrund steht der ethische Tierschutz. Weiterhin ist auch ein präventiver Tierschutz, ebenso wie in anderen Bereichen des Umweltrechts, vorgesehen.

2. Normen ohne Gesetzeskraft

Neben den gesetzlichen Vorschriften existieren einerseits Leitlinien des *BMEL*[53] zur Pferdehaltung und zum Pferdesport sowie andererseits die umfangreichen Verbandsreglements der *FN*. Hinzu kommen insbesondere im Rahmen von internationalen Turnieren und Dopingkontrollen Regelungen der *FEI*, welche hier allerdings nicht betrachtet werden sollen.

a. Leitlinien des Bundes

Die *Leitlinien zur Beurteilung von Pferdehaltungen unter Tierschutzgesichtspunkten vom 09. Juni 2009* (PferdHaltL) wurden vom *BMELV* unter Mitwirkung von Sachverständigen, unter an-

---

[53] Bei Erlass der Leitlinien noch *BMELV*.

derem Tierschützern, Veterinärämtern, Tierärzten und Tierschützern, entwickelt[54]. Die Veröffentlichung erfolgte erstmals 1995 (Ziff. 1).

Sie enthalten zunächst Grundlagen zur Ethnologie der Pferde (Ziff. 2 ff) sowie Empfehlungen zu Umgang und Pflege (Ziff. 2.2 ff), tierärztlicher Versorgung (Ziff. 2.2.3), Haltung (Ziff. 3) und zur Ausführung von Gebäuden und Einrichtungen (Ziff. 4). Es werden ferner Mindestmaße und Beispiele, auch in grafischer Form, sowie Berechnungsformeln angegeben (z.B. Ziff. 3.4.1; 4.3).

Die Leitlinien sollen einerseits eine Orientierungshilfe für Pferdehalter bieten, aber auch den Veterinärämtern eine Orientierungs- und Auslegungshilfe bei der Erfüllung ihrer Aufgaben sein; die Rechtsverbindlichkeit wird ausdrücklich ausgeschlossen (Ziff. 1).

Die Befragung der Veterinärämter ergab, dass tatsächlich bei der Anwendung des Tierschutzgesetzes eine Beurteilung der Haltungs- und Pflegebedingungen erfolge und dieses Vorgehen weitgehend akzeptiert sei[55]. Weiterhin sind die Leitlinien als Zusammenfassung des gesicherten wissenschaftlichen Kenntnisstandes weitgehend anerkannt und kommen so einer sachverständigen Äußerung gleich[56]. Dennoch entfalten die PferdHaltL nicht die gleiche Wirkung wie Verordnungen, was die Anwendung für die Veterinärbehörden erschwert. Der Landkreis Verden berichtete etwa, dass die Argumentation anhand der PferdHaltL vor Gericht in der Vergangenheit oftmals schwierig war[57]. Dies könnte nicht nur an der mangelnden rechtlichen Verbindlichkeit, sondern auch an der Ausgestaltung der PferdHaltL selbst liegen – dort sind ebenfalls nur wenige Sachverhalte konkret benannt; vielmals werden nur Empfehlungen zu Mindestanforderungen abgegeben oder unbestimmte Begriffe verwendet.

Die *Leitlinien für den Tierschutz im Pferdesport* bauen auf den Verboten des § 3 TierSchG auf (Einleitung). Sie wurden 1992 von der *Arbeitsgruppe Tierschutz und Pferdesport*, zusammengesetzt

---

[54] *BMELV*, Leitlinien Pferdehaltung, S. 28; die angegebenen Seitenzahlen beziehen sich auf die amtliche Veröffentlichung.
[55] So *Landkreis Verden*, Interview; *Schimanski*, Interview.
[56] U.a. *OVG Lüneburg*, Urteil vom 18.06.2013, Az. 11 LC 206/12 Rn. 30 <Entscheidungsdatenbank Rechtsprechung Niedersachsen>.
[57] *Landkreis Verden*, Interview.

aus Vertretern von Bund und Ländern sowie Sachverständigen für Tierschutz, Veterinärmedizin und Pferdesport (Ziff. VI), aufgestellt und enthalten Empfehlungen hinsichtlich des Umgangs mit Pferden, insbesondere bei der Ausbildung, des Einsatzes bei Wettbewerben, des Dopings und der Ausrüstung.

Unter anderem wird eine Ausbildung mithilfe von Belohnungen anstelle von Strafen (Ziff. I.2.c und d) beabsichtigt, ebenso sollen das menschliche Verhalten gegenüber dem Pferd sowie Ausbildungsmethoden und Haltung den natürlichen Bedürfnissen des Pferdes gerecht werden (Ziff. I.1).

Weiterhin wird der Einsatz von Hilfsmitteln nur im nötigen Maße und in schmerzfreier Weise empfohlen, Ausrüstung und Hilfen sollen keine Schmerzen, Schäden oder Leiden verursachen können (Ziff. I, III).

b. Rechtssystem der *FN*

Die *FN* als nationaler Reitsportverband hat umfangreiche Regelwerke für den Verbandssport aufgestellt. Dies sind für den Bereich der Ausbildung die Ausbildungs- und Prüfungs-Ordnung (APO), für den Bereich des professionellen Turniersports die Leistungs-Prüfungs-Ordnung (LPO) und für den Bereich des Breitensports die Wettbewerbs-Ordnung (WBO). Hinzu kommen derzeit insgesamt sechs Richtlinienwerke, welche genaue Anforderungen an Ausbildung und Sport stellen und auch als Lehrwerk für die reiterliche Ausbildung dienen.

Hier ist insbesondere die Rechtsordnung der LPO von Interesse, welche unter anderem auch eine Ahndung von Tierschutzverstößen vorsieht.

aa. Tierschutz im Rechtssystem der *FN*

Der Tierschutzgedanke ist ein zentrales Motiv der *FN*-Regelwerke. Verbindlich gültiger (§ 6.1 LPO) Teil aller Regelwerke sind die *Ethischen Grundsätze des Pferdefreundes*[58], welche ebenfalls in den Richtlinien abgedruckt sind[59] und, weitaus stärker als das deutsche Tierschutzrecht, Anforderungen an den Umgang mit dem Pferd stellen. Als zweites übergeordnetes Grundregelwerk sind die

---

[58] *FN*, Ethische Grundsätze; u.a. abgedruckt in *FN*, Ethik I.
[59] *FN*, Richtlinien 1, S. 277.

Grundregeln des Verhaltens im Pferdesport[60] zu nennen, welche konkret an Akteure des Reitsports und der reiterlichen Ausbildung appellieren und neben dem respektvollen Umgang mit dem Pferd auch einen respektvollen Umgang der Akteure untereinander beschreiben. Die *Potsdamer Resolution*[61] ist zudem eine Selbstverpflichtung der *FN* und eine unmittelbare Verpflichtung aller Akteure des Reitsports zur Einhaltung der Verbandsrichtlinien, zur Durchführung von Kontrollen, zur Aus- und Weiterbildung von Verantwortungsträgern und zur Zusammenarbeit mit Tierschutzorganisationen.

Der Tierschutzgedanke hat sich auch in zahlreichen Vorschriften der genannten Regelwerke niedergeschlagen; die LPO enthält etwa Regelungen zu Parcoursaufbauten, Ausrüstung und Verhalten.

Auch die Ausbildungsrichtlinien mahnen an vielen Stellen zur Berücksichtigung der natürlichen Bedürfnisse des Pferdes und zu einem verantwortungsvollen Umgang mit dem Pferd[62], wodurch auch das Erkennen und Beachten der Bedürfnisse und Leistungsfähigkeit des Pferdes Teil der reiterlichen Ausbildung wird.

Zudem sind bei Wettbewerben nur bestimmte Arten von Hilfsmitteln und Ausrüstungsgegenständen (§§ 69, 70 LPO), die den Anforderungen des Tierschutzes entsprechen, erlaubt. Es werden zudem weitreichende Anforderungen an Prüfungs- und Vorbereitungsplätze sowie das Verhalten der Teilnehmer gestellt (§§ 51, 52).

bb. Erlaubnisvorbehalt bei Turnieren

Turniere müssen von der *FN* genehmigt werden (§ 2.1 LPO). Der Veranstalter muss, um eine Genehmigung zu erhalten, die – auch tierschutzrechtlichen – Anforderungen der LPO erfüllen. Unter anderem ist die (tier-)ärztliche Versorgung und die Anwesenheit eines Hufschmieds sicherzustellen (§ 40 LPO).

---

[60] *FN*, Verhaltenskodex; u.a. abgedruckt in *FN*, Ethik II.
[61] *FN*, Potsdamer Resolution.
[62] U.a. *FN*, Richtlinien 1, S. 14 ff, 207, 227.

Auch die Teilnahme an Turnieren unterliegt Beschränkungen (§§ 63 ff LPO), vor dem Start ist zudem eine Medikations- und Verfassungskontrolle durchzuführen (§ 67 LPO), die sicherstellen sollen, dass das Pferd bei der Leistungsprüfung nicht überfordert wird.

cc. Ordnungsmaßnahmen

Im Falle eines Verstoßes gegen die obengenannten Grundsätze oder die konkretisierenden Vorschriften der Regelwerke können im Rahmen von Turnieren Ordnungsmaßnahmen verhängt werden (§ 920 LPO). Verstöße gegen das Wohl des Pferdes können auch außerhalb des Turniersports geahndet werden (§ 920.1 Satz 2 LPO). § 920.2 LPO nennt beispielhaft einige Tatbestände, die überwiegend unsportliches oder tierschutzwidriges Verhalten nennen, unter anderem die Misshandlung, die unzureichende Pflege, Ernährung oder Unterbringung und der unsachgemäße Transport eines Pferdes (§ 920.2.d LPO).

Ordnungsmaßnahmen können eine Verwarnung, Geldbußen bis fünfundzwanzigtausend Euro oder Ausschlüsse und Verweisungen von Turnieren sein (§ 921 LPO); sie werden je nach Schwere des Verstoßes innerhalb eines vorgegebenen Rahmens bemessen (§ 922 LPO). Bei einer Gefährdung von Gesundheit und Leben des Pferdes ist mindestens ein Ausschluss von sechs Monaten verbunden mit einer Geldbuße vorgesehen, in minderschweren Fällen ein Ausschluss von mindestens drei Monaten (§ 922.4.a LPO).

C. Problemlagen und deren Ursachen

Es existieren zahlreiche auf das Pferd bezogene tierschutzrechtliche Problemlagen, wobei nicht alle ihre Ursache im Bereich des Reitsports haben oder unmittelbar mit diesem zusammenhängen. Die nachfolgende, keinen Anspruch auf Vollständigkeit erhebende Aufzählung orientiert sich an der Leitfrage, welche (dringenden) Handlungsbedarfe und Handlungsmöglichkeiten von staatlicher Seite bestehen und lässt daher in diesem Sinne nicht weiterführende Phänomene außer Acht.

Als Maßstab für die Einordnung als tierschutzrechtlich problematisch sollen neben den Vorschriften des Tierschutzrechts auch eine Betrachtung der verfassungsrechtlichen Grundlagen und historischen bzw. ethischen Hintergründe des deutschen Tierschutzrechts sowie die Heranziehung von Leit- und Richtlinien, Vorschriften anderer Staaten, Erkenntnissen aus der neuen Reitlehre und Einschätzungen von Veterinärmedizinern dienen.

I. Übermäßiger Einsatz von Hilfsmitteln

Immer wieder wird bemängelt, dass Reiter übermäßig Hilfsmittel einsetzen bzw. schädliche Hilfsmittel nutzen, um Pferde auszubilden oder die Leistung zu steigern. Hier kommt eine Reihe von Hilfsmitteln in Betracht, welche unter Umständen einen Verstoß gegen tierschutzrechtliche Bestimmungen darstellen können.

Hilfsmittel sind in der deutschen Reitlehrer lediglich Unterstützung des Reiters; die *FN* mahnt zu verantwortungsbewusstem und mäßigem Einsatz[63] und verbietet sowohl den übermäßigen Einsatz von Hilfsmitteln als auch den Einsatz bestimmter, besonders gefährlicher Hilfsmittel (u.a. §§ 70 ff LPO). Dennoch sind der übermäßige Hilfsmitteleinsatz und der Einsatz schädlicher Hilfsmittel zu beobachten.

1. Sensibilisierung von Springpferden

Bei Ausbildung und Wettkampfvorbereitung werden häufig Methoden angewandt, die die Sprunghöhe der Pferde verbessern sollen.

Beim Barren wird während des Sprungs die Hindernisstange ruckartig angehoben, sodass sie gegen das Bein des Pferdes schlägt

---

[63] U.a. *FN*, Richtlinien 1, S. 34 ff.

(aktives Barren)[64]. Auch kann eine Metallstange vor die eigentliche Hindernisstange gelegt[65] oder das Hindernis elektrifiziert[66] werden (passives Barren). Durch die zugefügten Schmerzen soll das Pferd lernen, Hindernisse höher einzuschätzen, seine Beine stärker anzuziehen und so seine Sprungfähigkeit verbessern[67].

Eine weitere Methode ist das Blistern bzw. chemische Barren, bei dem die Beine des Pferdes mit ätzenden Substanzen, um die Pferdebeine berührungsempfindlicher zu machen und die Pferde so zu zwingen, die Beine verstärkt anzuziehen[68]. Diese Methode dient traditionell zur Behandlung von Entzündungen und Lahmheit sowie zur Förderung der Durchblutung, die Wirksamkeit gegen Lahmheit wird allerdings angezweifelt[69].

Alle Methoden des Barrens zielen darauf ab, dem Pferd Schmerzen zuzufügen. Sie könnten daher einen Verstoß gegen § 3 Satz 1 Ziff. 1b, da es sich um eine Maßnahme der Leistungssteigerung im Wettbewerb handelt, und Ziff. 5, wenn die Methoden im Rahmen der Ausbildung angewendet werden, sowie das allgemeine Verbot des § 1 Satz 2 TierSchG darstellen, ebenfalls könnte Ordnungswidrigkeit nach § 18 Abs. 1 Ziff. 1 und 4 TierSchG vorliegen. Es ist jedoch die Erheblichkeit der zugefügten Schmerzen, Leiden und Schäden entscheidend.

Die Erheblichkeit ist ein unbestimmter Rechtsbegriff, der im Einzelfall nach allen Umständen des Einzelfalls ausgelegt werden muss, auch die Entwicklungsstufe des Tieres und Besonderheiten, beispielsweise besondere Bedürfnisse oder die Beschaffenheit betroffener Körperregionen, sollen hier Beachtung finden[70].

---

[64] *Marzinek-Späth*, Pferde A-Z, S. 45.
[65] *von Langen*, Hindernisreiten, S. 37 f.
[66] *Gierse*, Peitsche, S. 30.
[67] *Marzinek-Späth*, Pferde A-Z, S. 45.
[68] *Schneeberger*, Missstände, S. 69 f; Schweizer Tierschutz STS 2013, S. 2.
[69] Vgl. *Stashak* et al., Lahmheit, S. 528; *Youatt*, Das Pferd, S. 408.
[70] *Metzger*, § 17, Rn. 30.

Nach h.M. liegt die Erheblichkeit dann vor, wenn äußerlich wahrnehmbare Verhaltensauffälligkeiten das Vorliegen eines Leidens indizieren[71]; ob die Dauer der Leiden relevant ist, ist strittig[72].

Konkretisierende Vorschriften liegen nicht vor; die Leitlinien Tierschutz im Pferdesport stellen bei der Beurteilung der Methoden des Barrens ebenfalls auf die Erheblichkeit der zugefügten Schmerzen ab (Ziff. III.1.g), lediglich das Blistern wird dort grundsätzlich verboten, ebenso die Verwendung von Eisenstangen oder stromführender Hindernisstangen.

Letztlich ist es nicht abschließend aus Rechtsprechung und Literatur ersichtlich, welche Methoden des Barrens verboten sind; es ist im Einzelfall auszulegen, ob die Handlung dem Erfordernis der Erheblichkeit genügt. Dies bedeutet, dass ein Einschreiten der Behörden im Zweifelsfall erst dann möglich wird, wenn bereits Verhaltensauffälligkeiten oder ernsthafte Verletzungen aufgetreten sind – ein präventives Einschreiten lässt sich daher kaum rechtfertigen, da für ein Eingreifen nach § 16a TierSchG ein Schaden bzw. eine konkrete Gefahr vorliegen muss[73]. Es obliegt also den Veterinärämtern, im Einzelfall die Erheblichkeit und die hinreichende Wahrscheinlichkeit des Schadenseintritts nachzuweisen, was sich regelmäßig schwierig gestalten dürfte[74].

2. Hyperflexion

Als Hyperflexion oder auch Rollkur bezeichnet man das Überdehnen des Halses, insbesondere bei der Dressur, indem die Zügel stark nach unten gezogen werden; diese Methode soll die Handhabung des Pferdes verbessern[75].

---

[71] *Metzger*, § 17 Rn. 30; *BGH*, Beschluss vom 18.02.1987, Az. 2 StR 159/86 Rn. 20<jurion>; *OLG Celle*, Beschluss vom 28.12.2010 Az. 32 Ss 154/10 Rn. 10 <Entscheidungsdatenbank Rechtsprechung Niedersachsen>.
[72] BGH, Beschluss vom 18.02.1987 Az. 2 StR 159/86 Rn. 18 <jurion>; *Pfohl* in MünchKomm, § 17 TierSchG, Rn. 68; a.A. *Metzger*, § 17, Rn. 30 m.w.N.
[73] *Metzger*, § 16a, Rn. 5.
[74] So auch *Landkreis Verden*, Interview.
[75] *Heuschmann*, Pferdegesundheit, S. 46; *Stamer*, Medien, S. 34 f.

Diese Methode ist in den letzten Jahren verstärkt ins Blickfeld der Öffentlichkeit gerückt und wird heftig kritisiert, zumal sie der deutschen Reitlehre widerspricht[76].

Tierärzte bezeichnen diverse negative Folgen für das Pferd. *Heuschmann*[77] und *Miller*[78] sehen hier unter anderem eine Überspannung diverser Körperpartien und eine Anhebung des Rückens, welche zu Überlastung und Verschleiß der Hinterhand sowie Muskelschäden führen kann als Folge einer übermäßigen Hyperflexion, Miller darüber hinaus eine seelische Schädigung, da das Pferd als Fluchttier sein Bedürfnis nach Sicherheit durch ständige Erkundung der Umgebung nicht befriedigen kann.

Laut einer Studie des *Graf-Lehndorff-Instituts für Pferdewissenschaften*, bei welcher die oberen Atemwege hyperflexierter Pferde endoskopisch untersucht wurden, zeigten sich zudem eine Verengung der Atemwege, eine Erhöhung des Rachendrucks und eine Veränderung der Durchblutung[79].

Dabei ist entscheidend, dass nicht die einmalige, kurze Anwendung der Hyperflexion zwangsläufig zu erheblichen Schädigungen führt, sondern erst der regelmäßige Gebrauch[80].

Hier käme ebenfalls ein Verstoß gegen §§ 1 Satz 2 sowie 3 Satz 1 Ziff. 1b und 5 TierSchG in Betracht, sofern die Erheblichkeit (siehe unter 1.) nachgewiesen werden kann. Konkretisierende Vorschriften bestehen auch hier nicht, die Leitlinien für den Tierschutz im Pferdesport enthalten hierzu ebenfalls keine eindeutige Aussage. Lediglich die *FN* verbietet die Methode auf Abreitplätzen über §§ 52.2 und 920 LPO als nicht pferdegerechtes Verhalten und sieht eine Ahndung bei regelmäßiger Anwendung vor[81].

Dass die Hyperflexion in der Rechtsprechung als tierschutzwidrig erachtet wird, ist nicht belegbar. Zwar hatte das Amtsgericht Starnberg 2012 eine Reiterin, die die Rollkur angewendet hatte, wegen Tierquälerei zu einer Geldstrafe verurteilt; allerdings stand hier nicht die Anwendung der Rollkur, sondern die Haltung der

---

[76] *Stamer*, Medien, S. 34 f; *von Schwindt*, Cavallo Academy.
[77] *Heuschmann*, Pferdegesundheit, S. 90 f.
[78] *Miller*, Interview.
[79] *Wehnert*, Rollkur.
[80] *Miller*, Interview.
[81] *FN*, Kriterienkatalog; *FN*, Lehrfilm

Pferde im Vordergrund[82]. Weiterhin hat die *Staatsanwaltschaft Frankfurt am Main* ein Ermittlungsverfahren wegen einer Anzeige des Tierschutzvereins *PETA* bezüglich der Anwendung der Rollkur durch einen international erfolgreichen Reiter eingestellt; nach einem veterinärmedizinischen Gutachten indizierte das Fehlen langfristiger Schäden wie Muskelverhärtungen oder Haltungsfehlern ein Nichtvorliegen der Erheblichkeit der zugefügten Schmerzen, wenngleich die Staatsanwaltschaft schädliche Wirkungen der Rollkur wie Luftknappheit anerkennt und Kritik an dieser Reitmethode als berechtigt bezeichnet[83].

Es obliegt folglich wiederum den Behörden, im Einzelfall die Erheblichkeit der Schäden bzw. den hinreichend wahrscheinlichen Eintritt solcher erheblichen Schäden nachzuweisen.

3. Zäumung

Die Zäumung wird zur Steuerung des Pferdes verwendet und soll dem Reiter helfen, dem Pferd über die Zügel Anweisungen zu geben[84]. Zügelhilfen sind jedoch lediglich als Ergänzung zu Gewichts- und Schenkelhilfen zu betrachten und sollen so mäßig wie möglich eingesetzt werden[85]. Auch ein Reiten ohne Zügel ist bei guter Ausbildung möglich[86].

Dennoch ist vermehrt zu beobachten, dass übertriebene Zügelhilfen gegeben werden – ein Phänomen ist die bereits angesprochene Hyperflexion – oder eine Zäumung eingesetzt wird, die an sich schädlich für das Pferd ist.

Die *FN* erlaubt nur bestimmte Formen von Halftern, Gebissen und sonstigen Ausrüstungsgegenständen bei Prüfungen (§ 70 LPO).

Neben den notwendigen Bestandteilen der Zäumung werden oft Hilfsriemen verwendet, die das Maul des Pferdes verschließen und

---

[82] *O.a.* in Cavallo, Boxenhaltung und Rollkur. Ein Antrag auf Einsichtnahme in die Urteilsschrift wurde durch das Amtsgericht Starnberg abgelehnt.
[83] *PETA*, Strafanzeige; Staatsanwaltschaft Frankfurt am Main, 8940 Js 246257/12
[84] *Marzinek-Späth*, Pferde A-Z, S. 370 f.
[85] *FN*, Richtlinien 1, S. 90 ff.
[86] *Tschöpe*, Zügel, S. 26 ff.

unerwünschte Nahrungsaufnahme verhindern (Sperrriemen)[87] oder das Pferd in eine bestimmte Haltung zwingen, in dem sie ein Wenden von Kopf und Hals nicht zulassen (Hilfszügel); diese Zusatzriemen dienen als Hilfestellung bei der Ausbildung und sollen laut *FN* verantwortungsbewusst eingesetzt werden[88].

Dass Hilfszügel die Bewegungsfreiheit des Pferdes einschränken, kann das Pferd als Fluchttier mit ständigem Sicherheits- und Kontrollbedürfnis psychisch beeinträchtigen[89].

Der Einsatz von Sperrriemen führt zudem dazu, dass Pferde in der Leistungsphase nicht ausreichend Sauerstoff aufnehmen und Speichel abgeben können, was wiederum zu erheblichen Beeinträchtigungen und Schmerzen (Atemnot) führen kann[90].

Ein Verstoß gegen § 3 TierSchG muss hier ebenfalls unter Berücksichtigung des Tatbestandsmerkmals der Erheblichkeit nachgewiesen werden (siehe oben). Die Leitlinien Tierschutz im Pferdesport verbieten allerdings den Einsatz von Zäumung, die die Atmung beeinträchtigt (Ziff. III.1.b), weshalb hier ein Eingreifen auch präventiv ermöglicht wird. Ebenfalls verbieten die Leitlinien den Einsatz von Hilfszügeln, die Zwangsmittel statt Hilfestellung sind sowie übermäßige Zügelhilfen (Ziff. III.1.c).

Da die Anwendung von Sperrriemen und Hilfszügeln dennoch gängige Praxis ist, ist fraglich, ob die Bestimmungen hier ausreichend sind.

4. Treibmittel

Die häufigsten Treibmittel im Reitsport sind Gerten und Sporen; beide dienen, wie auch Zügelhilfen, der Unterstützung der körperlichen Hilfen des (ungeübten) Reiters[91]. Die Beschaffenheit von Gerten und Sporen bei Prüfungen wird durch die *FN* nur bei einigen Disziplinen erlaubt, die Beschaffenheit und Länge ist geregelt (§ 68 LPO).

Ob der Einsatz von Treibmitteln grundsätzlich unnötig ist, ist fraglich. Während einige Reiter den verantwortungsbewussten und

---

[87] *Unna*, Interview
[88] *FN*, Richtlinien 1, S. 46 ff.
[89] *Miller*, Interview.
[90] *Unna*, Interview; *Wiegand*, Tierquälerei, S. 94.
[91] *FN*, Richtlinien 1, S. 34.

mäßigen Einsatz besonders für Reitanfänger unkritisch sehen[92], ist für andere der Einsatz von Sporen und Gerte ein Zeichen von mangelndem reiterlichem Können[93].

Problematisch ist, dass Sporen erhebliche Stichverletzungen und innere Verletzungen verursachen können; die Leitlinien Tierschutz im Pferdesport schreiben daher vor, dass Sporen nur kontrolliert von erfahrenen Reitern einzusetzen sind und so beschaffen sein müssen, dass Stich- oder Schnittverletzungen bei sachgerechter Anwendung ausgeschlossen sind (Ziff. III.1.d). Beim Westernreiten sind Sporen daher unzulässig, da der kontrollierte Einsatz aufgrund der ungestümen Reitweise unmöglich ist[94].

Auch kann das heftige Schlagen mit Gerten Verletzungen auf der Haut verursachen. Die Leitlinien Tierschutz im Pferdesport sehen daher nur einen Einsatz als Hilfestellung vor und verbieten das Schlagen am Kopf (Ziff. III.1.e).

Je nach Art der zugefügten Schäden, Schmerzen oder Leiden kommt auch hier ein Verstoß gegen § 3 TierSchG in Betracht, durch die Leitlinien Tierschutz im Pferdesport haben die Veterinärämter ebenso ein geeignetes Mittel, um Verstöße bei übermäßigem Einsatz nachzuweisen (siehe oben).

Der Einsatz stromführender Treibmittel, welcher bereits von *Wiegand* beschrieben wird[95], wird ebenfalls durch die Leitlinien missbilligt und kann zusätzlich einen Verstoß gegen § 3 Abs. 1 Satz 1 Ziff. 11 TierSchG darstellen.

5. Mögliche Ursachen

Mögliche Ursachen des übermäßigen Hilfsmitteleinsatzes aber auch der erschwerten Ahndung bzw. des erschwerten Eingreifens sind vielfältig.

---

[92] U.a. *Miller*, Interview; *Gerweck*, Recht der Tiere, S. 123
[93] *Unna*, Interview.
[94] *VG Freiburg*, Urteil vom 24.02.2010, Az. 1 K 338/08, Rn. 39 f. <Landesrechtsprechung Baden-Württemberg>.
[95] *Wiegand*, Tierquälerei, S. 93.

a. Regelungsmangel, Beschränkungen und unbestimmte Rechtsbegriffe

Zunächst enthält das deutsche Tierschutzrecht wenige konkretisierende Vorschriften zum Pferd oder zum Pferdesport. Die *Leitlinien Tierschutz im Pferdesport* kommen zum einen von ihrer Wirkung her nicht einer Rechtsnorm gleich, zum anderen sind auch diese eher generell gefasst sind. Zudem ist seit 1992 keine Aktualisierung erfolgt.

Das Vorhandensein einer Vielzahl von unbestimmten Rechtsbegriffen erschwert die Behördenarbeit und das Eingreifen, da die Erfüllung der Tatbestandsvoraussetzungen im Einzelfall aufwändig und diffizil ist[96]. Der *Landkreis Verden* berichtete beispielsweise von einem Fall übermäßiger Bestrafung eines Reitpferdes, in welchem ein Strafverfahren eingeleitet wurde. Vor Gericht sei der Nachweis der Erheblichkeit der zugefügten Leiden nicht möglich gewesen, weshalb das Landgericht Verden letztlich ein Bußgeld statt einer Geldstrafe verhängte[97].

Weiterhin ist problematisch, dass erst die Folgen übermäßigen Hilfsmitteleinsatzes Anlass für behördliche Maßnahmen oder Bußgelder sein können und nicht der Einsatz bestimmter Hilfsmittel und Methoden selbst. Anders als in anderen Ländern wie etwa der Schweiz, wo in der Tierschutzverordnung[98] ein Katalog konkreter verbotener Handlungen an Pferden festgeschrieben ist, welcher auch Rollkur und Barren grundsätzlich umfasst, fehlt in Deutschland eine solche Vorschrift. Lediglich der Einsatz einiger Hilfsmittel mit bestimmten Eigenschaften ist laut *Leitlinien Tierschutz im Pferdesport* verboten, wobei auch hier jeweils unbestimmte Rechtsbegriffe auszulegen sind.

Präventives Eingreifen ist so in vielen Fällen nicht möglich oder erheblich erschwert, oft können Eingriffe nur erfolgen, wenn Schäden bereits offenkundig eingetreten sind. Dem Vorsorgeprinzip wird insofern hier nicht entsprochen, was aus dem rechtlichen Kontext des ansonsten vom Vorsorgeprinzip geprägten Umwelt- und Tierschutzrecht ungewöhnlich erscheint.

---

[96] So auch *Landkreis Verden*, Interview
[97] *Landkreis Verden*, Interview. Ein Antrag auf Einsichtnahme in die Urteilsschrift blieb bisher unbeantwortet.
[98] Tierschutzverordnung (TSchV) vom 23. April 2008 (SR 455.1).

Diese faktische Erschwerung behördlichen Eingreifens ist angesichts der ethischen Ausrichtung des deutschen Tierschutzrechts und dessen Grundsätze als kritisch zu beurteilen. Zwar helfen unbestimmte Rechtsbegriffe dabei, das Tierschutzrecht als werdendes Recht an neue Erkenntnisse und Gegebenheiten anzupassen (siehe Seite 26), allerdings darf dieser Grundsatz nicht der effektiven Umsetzung eines Staatsziels entgegenstehen.

Weiterhin ist die Erheblichkeit als wesentliches Tatbestandsmerkmal hier kritisch zu betrachten, da hierdurch die Eingriffsmöglichkeiten weiter eingeschränkt werden und etliche Sachverhalte, bei denen dem Pferd einfache Schmerzen zugefügt werden, erlaubt bleiben.

Der Gesetzgeber hat einen umfassenden, auch präventiven Schutz der Tiere vor vermeidbaren Leiden vorgesehen; weiterhin steht der sittliche und verantwortungsvolle Umgang mit dem Tier und nicht der Schutz der Unversehrtheit des Tieres allein im Vordergrund (siehe Seite 26). Das Tierschutzrecht verhindert hier zwar – wenn auch durch die faktischen Einschränkungen weniger effektiv – Schmerzen und Leiden, fördert allerdings kaum den sittlichen, verantwortungsvollen Umgang mit dem Tier, wenn Methoden, die dem Pferd vermeidbare – einfache – Schmerzen zufügen, erlaubt bleiben.

Der Gesetzgeber hat zudem das Schutzniveau an die Leidensfähigkeit und die Entwicklungsstufe der Tiere gekoppelt (siehe Seite 26). Da das Pferd ein äußerst empfindsames Wesen ist und durch falsche Behandlung leicht seelische Schäden erleidet[99], erscheint ein deutlich erhöhtes Schutzniveau für Pferde angemessen.

Hier ist folglich zu bemängeln, dass die bestehenden Vorschriften faktisch nicht ausreichen, um den intendierten sittlich-verantwortungsbewussten Umgang effektiv und ausreichend zu fördern, da ein Eingreifen der Veterinärbehörden mit diesem Ziel erschwert oder gar verhindert wird; die Exekutive muss in Ermangelung geeigneter Vorschriften eine ständige Verletzung des Schutzguts der Sittlichen Ordnung in den Beziehungen zwischen Mensch und Tier[100] dulden.

---

[99] *Gerweck*, Recht der Tiere, S. 132 f.; *Treffers*, Pferdeverhalten, S. 25 f., 34 f.
[100] *OLG Hamm* in NuR 1985, 200.

b. Verhalten und Unwissenheit der Reiter

Ursachen für den Hilfsmitteleinsatz sind auch bei den Reitern selbst und im System des Reitsports zu finden.

Zunächst führt ein gesteigertes Streben nach schnellem Erfolg dazu, dass Reiter oftmals den einfacheren – aus Tierschutzsicht bedenklichen – Weg wählen, um selbst früh zu Turniererfolgen zu gelangen und auch um das Pferd in möglichst jungen Jahren im Sport erfolgreich und gewinnbringend einzusetzen[101]. Auch Miller bemängelt diesen Zustand und sieht hier ebenfalls Fehler im Reglement der *FN* und im Selbstverständnis der Reitsportakteure, die dieses Problem zulassen und ggf. fördern[102].

Eine pferdegerechte Ausbildung, beispielsweise nach der Methode des *Natural Horsemanship*, würde den übermäßigen Hilfsmitteleinsatz unnötig machen und zu vergleichbaren Erfolgen führen, ohne dem Pferd zu schaden – allerdings würde sich hierdurch der zeitliche Aufwand für Ausbildung und Training erhöhen[103].

In enger Korrelation mit diesem Phänomen steht das Problem, dass viele Reiter sich den Bedürfnissen und der Leistungsfähigkeit bzw. der Leistungsphysiologie des Pferdes nicht bewusst sind und diese falsch einschätzen. *Unna*[104] und *Miller*[105] konstatieren, dass der richtige Umgang mit dem Pferd geprägt sein sollte von Kommunikation, bedürfnisorientiertem Arbeiten und Erkennen sowie Verstehen der (Körper-)Sprache und der Aktionen der Pferde. Hierfür sei ein grundlegendes Verständnis für die Natur des Pferdes wichtig, um das Verhalten des Pferdes deuten und sein eigenes Verhalten auf dessen Bedür*fn*isse abstimmen zu können[106].

Die *FN* hat zwar entsprechende Lehrinhalte in die Ausbildungsrichtlinien aufgenommen[107] und in der APO die Bodenarbeit und Pferdekunde auch in Form eines Reitabzeichens und eines Sachkundenachweises verankert (§§ 2000 – 2407 APO), auch bestehen,

---

[101] *Jung*, Reiten, S. 45; *Gerweck*, Recht der Tiere, S. 127 f.
[102] *Miller*, Interview.
[103] So *Miller*, Interview; *Unna*, Interview.
[104] *Unna*, Interview.
[105] *Miller*, Interview.
[106] So vergleichbar auch *Gerweck*, Recht der Tiere, S. 122 ff.
[107] U.a. *FN*, Richtlinien 1, S. 14 ff., 54 ff., 212 ff.

wie bereits dargestellt, Vorschriften und Richtlinien der *FN* hinsichtlich eines verantwortungsbewussten Hilfsmitteleinsatzes. Diese Ansätze scheinen in der Praxis jedoch häufig einem steigenden Leistungsstreben und mangelndem Bedürfnisbewusstsein zum Opfer zu fallen[108].

c. Das Pferd als gefügiges Opfer

Das Pferd ist von Natur aus kein wehrhaftes Tier; es erträgt zugefügte Schmerzen meist ohne Widerstand zu leisten[109]. Ebenfalls ist ein Leiden aus dem Verhalten der Pferde nur schwer zu erkennen, da sie kaum entsprechend einzuordnende Laute von sich geben und auch anderweitig kaum auf Schmerzempfinden aufmerksam machen; nur aus der Körpersprache lässt sich bei genauer und geschulter Betrachtung ein Schmerzempfinden ablesen[110].

Wiegand bezeichnet Pferde aufgrund dieser Charaktereigenschaften als »*für Tierquälerei im besonderen Maße anfällig*«[111], was sich auch analog auf die hier genannten Problematiken anwenden lässt. Es fällt dem Reiter mangels Erfahrung oder Einfühlungsvermögen bzw. -bereitschaft einerseits schwer, zu erkennen, wenn seine Handlungen dem Pferd Schmerzen zufügen, andererseits werden solche Handlungen auch nicht direkt vom Pferd sanktioniert.

II. Turniersport

Beim Turniersport treten an vielen Stellen bedenkliche Problematiken auf. Einige stehen unmittelbar mit den Disziplinen und der Durchführung der Turniere in Zusammenhang, während andere eher aus den Rahmenbedingungen der Turniere resultieren.

1. Vielseitigkeitsreiten

Häufig in der Kritik steht das Vielseitigkeitsreiten, bei dem Pferd und Reiter auch einen Geländeparcours in möglichst kurzer Zeit überwinden müssen.

Prominentestes Beispiel ist hier der *Concours Complet International Luhmühlen* in Salzhausen bei Lüneburg, den bereits *Gerweck*

---

[108] So auch *Jung*, Reiten, S. 46 ff.
[109] *Miller*, Interview.
[110] *Miller*, Interview; *Wiegand*, Tierquälerei, S. 92 f.
[111] *Wiegand*, Tierquälerei, S. 92.

kritisch beschreibt: »*Ein totes Pferd, 26 Stürze, zwei verletzte Reiter [...]. Von 85 Teilnehmern gaben 33 vorzeitig auf, 13 aufgrund eines Sturzes.*«[112] Auch in der jüngeren Geschichte kam es dort zu ähnlichen Vorfällen, so starb im Jahr 2013 ein Pferd und im Jahr 2014 ein Reiter an den Folgen eines Sturzes[113], da die Paare dem Parcours wohl nicht gewachsen waren.

Hier ist allerdings weniger der Vielseitigkeits- bzw. Military-Sport problematisch, sondern vielmehr der immer kompliziertere Parcoursaufbau in Verbindung mit dem bloßen Ziel, diesen in möglichst kurzer Zeit zu durchlaufen[114].

Gerweck sieht hier einen Verstoß gegen § 3 Abs. 1 Satz 1 Ziff. 1 bzw. 1a TierSchG, da dem Tier Leistungen abverlangt würden, derer es offenkundig nicht gewachsen sei oder die offenkundige Überforderung durch Behandlungen wie Neurektomien verdeckt würde[115]. Auf Anfrage beim zuständigen Veterinäramt des Landkreises Lüneburg konnten allerdings aus Datenschutzgründen keine Auskünfte bezüglich durchgeführter Verfahren in Bezug auf das genannte Turnier gegeben werden.

Die *FN* hat hier bereits Maßnahmen ergriffen, die für mehr Sicherheit sorgen sollen, so sorgt ein sogenannter Technischer Delegierter für die Überwachung der Organisation (u.a. § 630, 632 LPO), Teilnehmer werden bei einem Sturz ausgeschlossen (§ 645 LPO) und mittels einer Beobachtungsliste sollen Reiter, deren Vorstellung als bedenklich eingestuft wurde, besonders überwacht werden[116].

2. Unterbringung auf Turnieren

Die Unterbringung von Pferden auf Turnierveranstaltungen ist besonders bei kleineren Turnieren problematisch. In Deutschland werden auf verschiedenen Ebenen Turniere abgehalten, vom großen internationalen Turnier auf einer historisch gewachsenen, gut ausgebauten Anlage wie das *Concours Hippique International Officiel* in Aachen bis hin zum kleinen regionalen Turnier auf den

---

[112] *Gerweck*, Recht der Tiere, S. 129.
[113] *Scheid*, Luhmühlen; o.A. in Frankfurter Allgemeine Zeitung, Luhmühlen.
[114] *Miller*, Interview.
[115] *Gerweck*, Recht der Tiere, S. 129.
[116] *FN*, Sicherheit Vielseitigkeit.

Anlagen eines dörflichen Reitsportvereins. Die Turniere unterscheiden sich stark hinsichtlich ihrer Dauer – einige dauern mehrere Tage, während andere lediglich an einem Tag stattfinden – und ihrer Ausstattung.

Während einige größere Turnierveranstalter mit großen Anlagen Weideflächen, Stallungen und Abreitplätze bereitstellen können, ist einigen Veranstaltern dies nicht möglich. Pferde werden so während des Turnieraufenthaltes teilweise in Hängern untergebracht und haben keine Auslaufmöglichkeiten, was bei einer längeren derartigen Unterbringung gegebenenfalls zu psychischer Belastung und auch leichten körperlichen Schäden führt[117].

Hierin könnte ein Verstoß gegen § 2 TierSchG liegen, da auch die kurzfristige Unterbringung von dieser Vorschrift umfasst ist[118]. Allerdings enthalten die PferdHaltL keine unmittelbar auf die kurzfristige Unterbringung anwendbaren Vorschriften, weshalb hier im Einzelfall auch unter Berücksichtigung des Nutzungszwecks[119] die Tierschutzwidrigkeit nachgewiesen werden muss.

3. Mögliche Ursachen

Auch hier sind als Ursachen unzureichende gesetzliche Regelungen anzuführen; auch das Verhalten der Reiter, insbesondere das starke Streben nach Erfolg und eine mangelnde Kenntnis der Leistungsfähigkeit und der Bedürfnisse des Pferdes, sowie die mangelnde Wehrhaftigkeit des Pferdes als Opfer sind als mögliche Ursachen zu nennen (siehe oben).

Es fehlen zudem konkrete Vorgaben, welche Parcoursaufbauten unter Tierschutzgesichtspunkten zu besorgen sind. Während die *FN* sowohl erlaubte Parcoursaufbauten als auch die Geländebeschaffenheit, insbesondere bei Vielseitigkeitsprüfungen, genau regelt (z.B. §§ 505, 507 und 508 LPO bei Springprüfungen; §§ 630, 633 und 636 LPO bei Vielseitigkeits- und Geländeprüfungen), kennt das deutsche Tierschutzrecht solche Regelungen nicht. Sofern eine Veterinärbehörde einen Parcoursaufbau für tierschutzwidrig hält, hat sie so im Einzelfall nachzuweisen, dass der Aufbau selbst eine konkrete Gefahrenlage birgt und unter anderem nicht erst der Einsatz eines bestimmten Pferdes beim Parcours. Präventives

---

[117] *Unna,* Interview.
[118] *Metzger,* § 2, Rn. 35.
[119] *Metzger,* § 2, Rn. 37.

Handeln ist somit kaum möglich, was auch die periodische Wiederholung der Vorfälle in Luhmühlen indiziert.

Die Behörden könnten zudem Maßnahmen wohl nur erfolgreich gegen die einzelnen Reiter richten. Der Turnierveranstalter könnte das Argument vortragen, dass viele Reiter regelmäßig unfallfrei das Ziel erreichen würden und die Verantwortlichkeit bei den einzelnen Reitern selbst liege, weshalb letztlich in einem generellen Turnierverbot bzw. der Anordnung einer Parcoursänderung eine Verletzung des Übermaßverbotes liegen würde. Zivilrechtlich obliegt dem Veranstalter jedenfalls lediglich die Pflicht, angemessene Sicherheitsvorkehrungen zu treffen, die aus objektiver fachlicher Sicht ausreichend sind und Gefahren zu vermeiden, die über das übliche Risiko hinausgehen; er haftet somit nur bei Fehlern im Parcoursaufbau[120].

Auch für die Unterbringung der Pferde auf Turnieren bestehen keine konkretisierenden Normen; die PferdHaltL sind insbesondere nicht anwendbar, da diese lediglich für die dauerhafte Unterbringung (»*Haltung*«) gelten.

Zudem fehlen Kontrollen auf Turnierveranstaltungen. Die befragten Tierschutzbehörden gaben an, lediglich anlassbezogene Kontrollen, d.h. als Reaktion auf Tierschutzanzeigen, durchzuführen. Die Durchführung von Kontrollen wird allerdings auch dadurch erschwert, dass erstens eine Spezialnorm, welche diese verbindlich vorschreibt und somit Grundlage für zusätzlichen Personaleinsatz bilden könnte, fehlt und zweitens Turniere naturgemäß größtenteils an Wochenenden und Feiertagen stattfinden, wo Veterinärämter oft nur mit einer Bereitschaft besetzt sind[121].

Wie bereits dargelegt, werden die bestehenden Vorschriften dem Ziel, einen verantwortungsbewussten Umgang mit dem Tier zu fördern, angesichts der zu besorgenden Verstöße kaum gerecht.

III. Haltung von Sportpferden

Sowohl die befragten Tierärzte als auch die befragten Veterinärämter zeigten die Haltungsbedingungen von Sportpferden, aber auch anderen Pferden als aktuell größtes Problem auf.

---

[120] *BGH*, Urteil vom 23.09.2010, Az. III ZR 246/09 Rn. 15 ff. <juris>.
[121] So auch *Schimanski*, Interview.

1. Gängige Haltungsbedingungen

Üblich ist im heutigen Reitsport, dass insbesondere Sportpferde einzeln in Boxen gehalten werden. Die Boxen sind meistens im oberen Bereich vergittert, sodass eine Wahrnehmung der Umwelt und die Interaktion mit anderen Pferden – eingeschränkt – möglich sind. Teilweise sind die Boxen allerdings auch so abgeteilt, dass sich die Pferde untereinander nicht sehen oder berühren können[122]. Nicht immer erhalten die Pferde in solchen Ställen Weidegang, oftmals werden Pferde nur im Rahmen des Trainings und Einreitens oder zusätzlich in einer Führanlage bewegt. Einige Ställe bieten Paddocks als kleine Auslauffläche vor den Boxen an[123]. Diese Form der Haltung birgt zahlreiche Risiken für die Gesundheit des Pferdes.

Der Körper und die Psyche des Pferdes sind auf dessen natürliche Lebensbedingungen abgestimmt. Ursprünglich leben Pferde in Gruppen und bewegen sich Pferde mehrere Stunden am Tag langsam und unkontrolliert fort, wobei sie kontinuierlich Nahrung aufnehmen[124]. Ist dies nicht möglich, können sowohl Erkrankungen des Bewegungsapparates als auch – insbesondere in Verbindung mit der üblichen Fütterung von Kraftfutter, welches natürliche Gräser und Kräuter nicht ersetzen kann – des Verdauungstraktes entstehen, auch lebensbedrohliche Koliken[125].

Weiterhin problematisch ist, dass Pferde in Einzelboxen nur schwer miteinander kommunizieren können und so die soziale Interaktion, welche für das Pferd als soziales Tier wichtig ist, ausbleibt. Pferde müssen auch körperlich interagieren können, um soziale Bedürfnisse zu befriedigen. Folge eines Mangels an sozialer Interaktion sind psychische Störungen, vor allem Verhaltensauffälligkeiten[126].

Wie bereits dargestellt, haben Pferde zudem das aus einem Sicherheitsbedürfnis erwachsene Bedürfnis, ihre Umgebung zu erkunden, was in Boxen mit beschränkter Sicht nur eingeschränkt möglich ist (Siehe Seite 40).

---

[122] *Unna*, Interview.
[123] *Unna*, Interview; *Miller*, Interview.
[124] *Unna*, Interview; *Miller*, Interview; *Metzger*, § 2 Anh., Rn. 37.
[125] *Unna*, Interview; *Miller*, Interview.
[126] *Unna*, Interview.

Die tatsächlich üblichen Haltungsbedingungen wurden auch von den befragten Veterinärämtern kritisch betrachtet; auch die Online-Befragung ergab, dass die Haltungsbedingungen großenteils verbesserungswürdig sind. Der Landkreis Verden sah insbesondere die fehlende natürliche, unkontrollierte Bewegung als problematisch an und sah hier einen Bedarf nach konkreten Regelungen[127].

Angesichts der Folgen einer solchen Haltung und deren Artwidrigkeit könnte in einer Einzelhaltung ohne ausreichende Interaktions- und Bewegungsmöglichkeiten ein Verstoß gegen § 2 TierSchG vorliegen, wobei nach h.M. die Haltungsbedingungen vorrangig nach den PferdHaltL zu beurteilen sind[128]. Der Nachweis gestaltet sich allerdings im Einzelfall schwierig, insbesondere wenn mangelnde Bewegungsmöglichkeiten oder mangelnde Interaktionsmöglichkeiten besorgt werden[129].

2. Mögliche Ursachen

Auch hier scheint neben fehlendem Verständnis für die Bedürfnisse der Pferde (Siehe Seite 46) zunächst ein Regelungsmangel ursächlich für die vorherrschenden Probleme in den Haltungsbedingungen zu sein. Nicht zu verachten ist allerdings auch, dass ein besserer Ausbau der Stallanlagen mit einem finanziellen Mehraufwand verbunden ist und auch Weide- oder Auslaufflächen bei besonderer Lage der Reitställe nicht ohne weiteres bereitgestellt werden können[130].

Die genannten Bedürfnisse erkennen auch die PferdHaltL an (Ziff. 2.1.). Die Ausführungen zur Ethologie stellen Mindestanforderungen an die Möglichkeiten des sozialen Umgangs (Ziff. 2.1.1.), der Gewährung von mehrstündiger freier Bewegung (Ziff. 2.1.2) und die Fütterung (Ziff. 2.1.4.). Diese Vorschriften sind jedoch eher abstrakt gefasst und enthalten kaum konkrete Vorgaben.

Konkreter sind die Regelungen zur Beschaffenheit der Stallungen und Auslaufflächen (Ziff. 3. und 4.). Diese Vorschriften verbieten

---

[127] *Landkreis Verden*, Interview.
[128] *Metzger*, § 2 Anh., Rn. 37; *OVG Lüneburg*, Urteil vom 18.06.2013, Az. 11 LC 206/12 Rn. 26 ff. <Entscheidungsdatenbank Rechtsprechung Niedersachsen>.
[129] So auch *Landkreis Verden*, Interview.
[130] So auch *Unna*, Interview.

auch die Anbindehaltung (Ziff. 3.4.1.). Zur Einzelhaltung in Boxen ist hier geregelt, dass die soziale Interaktion durch bauliche Einrichtungen wie Kleinausläufe, Außenklappen oder hälftig zu öffnende Stalltüren ermöglicht werden soll und die inneren Trennwände nur bei Boxen mit spezieller Funktion hochgeschlossen sein sollten (Ziff. 3.4.1.). Nähere Bestimmungen zur Gewährung von Auslauf sind nicht vorhanden.

Eindeutige Meinungsbilder zum Umfang der angemessenen Bewegung sind nicht erkennbar; das *VG Düsseldorf* hat allerdings bestätigt, dass die Anordnung von drei bis vier Stunden freier Bewegung täglich einer ermessensgerechten Auslegung des § 2 TierSchG anhand der PferdHaltL entspricht[131].

Hier wird erneut deutlich, dass die Vorschriften zur Pferdehaltung nicht immer geeignet sind, das Ziel eines verantwortungsbewussten Umgangs mit dem Tier im ausreichenden Maße zu gewährleisten. Die durch den Mangel an konkretisierenden Vorschriften bedingte Unsicherheit und Erschwerung des behördlichen Eingreifens lässt es zu, dass eine nicht unbeachtliche Zahl an Reitpferden unter aus veterinärmedizinischer Sicht artwidrigen Bedingungen gehalten wird. Möchte die Behörde etwaige Anordnungen treffen, ist sie erneut darauf angewiesen, im Einzelfall die Einschätzung des Veterinärmediziners gegen Gutachten und Einschätzungen der Gegenseite zu verteidigen.

Weiterhin können auch hier fehlende Kontrollen als Ursache aufgeführt werden. Das Vorgehen der Veterinärämter ist bei Kontrollen nicht einheitlich – so führt beispielsweise die *Region Hannover* stichprobenartig Routinekontrollen nach einem Leitfaden bei Pferdehaltungen durch, wobei die kontrollierten Betriebe mittels einer EDV-gestützten Risikoanalyse ausgewählt werden[132]; der *Landkreis Verden* kontrolliert hingegen nur anlassbezogen[133].

Insbesondere der *Landkreis Verden* äußerte hier den Wunsch nach einheitlichen Vorschriften über Häufigkeit und Durchführung der Kontrollen[134].

---

[131] *VG Düsseldorf*, Urteil vom 04.12.2006, Az. 23 K 4059/05, Rn. 22 ff <openjur>.
[132] *Schimanski*, Interview.
[133] *Landkreis Verden*, Interview.
[134] *Landkreis Verden*, Interview.

IV. Zusammenfassung

Insgesamt gestaltet sich die Situation im Reitsport folglich so, dass trotz einer grundsätzlichen Tendenz aller Akteure zu einem tierschutzgerechteren Sport einige Problemfelder bestehen.

Während der übermäßige Hilfsmitteleinsatz und die dargestellten Missstände auf Reitturnieren Einzelfälle darstellen mögen[135], stellen die Haltungsbedingungen ein globaleres Problem mit größerer Tragweite dar.

Obgleich die Problematiken des übermäßigen Hilfsmitteleinsatzes und der Turnierveranstaltungen seltener vorkommen – der Region Hannover waren in den letzten Jahren keine solchen Vorfälle bekannt geworden[136], dem Landkreis Verden lediglich vereinzelt[137] – haben sie doch eine erhebliche Bedeutung, da zugefügte Schmerzen, Schäden und Leiden deutlich höheren Ausmaßes und unmittelbarer sind. Dies indizieren auch die angeführten Fallbeispiele.

Die entscheidenden Ursachen dieser Problemfelder lassen sich grob in vier Felder aufteilen: Erstens ein Mangel an konkretisierenden Vorschriften in Bezug auf das Pferd, welche den Behörden ein präventives und schnelles Eingreifen erschweren oder unmöglich machen und so dem Staatsziel eines ethischen Tierschutzes oftmals nicht gerecht werden. Zweitens mangelnde Aufklärung der Reiter und sonstigen Akteure im Reitsport, insbesondere hinsichtlich Leistungsphysiologie, Bedürfnissen und arttypischen Verhaltensweisen der Pferde. Drittens ist auch die Rolle des Pferdes als eher passives, widerstandsloses Wesen maßgeblich dafür verantwortlich, dass Leiden unerkannt bleiben oder schädliches Verhalten nicht beendet wird. Viertens fehlen vielmals Kontrollen, um die Einhaltung der Tierschutzvorschriften in ausreichendem Maße zu überwachen und bei besonders risikobehafteten Veranstaltungen und Haltungen frühzeitig einschreiten zu können.

Der Handlungsbedarf wird hier nicht zuletzt durch die gleichen Einschätzungen der befragten Experten indiziert. Besonders deutlich wird hier der Wunsch nach konkretisierenden Vorschriften,

---

[135] *Miller*, Interview; *Landkreis Verden*, Interview; *Schimanski*, Interview.
[136] *Schimanski*, Interview.
[137] *Landkreis Verden*, Interview.

die auch eindeutige Sachverhalten umfassen, um die Behördenarbeit zu erleichtern und Verstöße schon präventiv zu verhindern.

D. Mögliche Gegenmaßnahmen

Die dargestellten Ursachen legen nahe, dass eine Lösung nicht nur in den klassischen Mitteln der Verhaltenssteuerung zu suchen ist, sondern auch Maßnahmen nicht-hoheitlicher Art betrachtet werden müssen.

I. Konkretisierende und ergänzende Vorschriften

Die nächstliegende Lösung ist der Erlass konkretisierender Vorschriften bzw. die Anpassung bestehender Normen, um den Anforderungen des Tierschutzes stärker gerecht zu werden.

Auch die Ergebnisse der stichprobenartigen Online-Befragung zeigen, dass konkretisierende Vorschriften und einheitliche Kontrollen durchaus gewünscht sind und eine Erleichterung der Arbeit darstellen können.

1. Umgestaltung der Leitlinien Pferdehaltung als Verordnung

Ein möglicher Schritt wäre es, die PferdHaltL als Verordnung umzusetzen[138]. Das *BMEL* wird durch § 2a Abs. 1 TierSchG dazu ermächtigt, entsprechende Verordnungen zu Haltungsbedingungen in Ergänzung zu § 2 TierSchG zu erlassen, sofern diese zum Schutz der Tiere erforderlich sind. Angesichts der dargestellten Problemlagen scheint dies gegeben.

Dieser Schritt scheint sinnvoll, da er einerseits die Arbeit der Behörden erleichtern würde, indem die Rechtssicherheit bei behördlichen Maßnahmen gesteigert würde, und da er andererseits für Pferdehalter eine verbindliche Orientierungshilfe wäre.

Da die Leitlinien als solche, wie bereits dargestellt, allgemein anerkannt sind und als gesicherter wissenschaftlicher Erkenntnisstand gelten, erscheint dieser Schritt auch rechtlich unproblematisch. Da insbesondere die Leitlinien in ihrer jetzigen Form lediglich Mindeststandards für eine artgerechte Haltung setzen und ohnehin die Beurteilung anhand dieser Leitlinien gängige Behördenpraxis ist, würde eine Interessenabwägung zugunsten der Tierschutzinteressen ausfallen.

Es ist ferner unverständlich, warum im deutschen Tierschutzrecht formal betrachtet das Pferd einen geringeren Schutz genießt als

---

[138] Vorschlag siehe Anhang I (Seite 60).

andere Tiere; während für Heimtiere, Hunde und landwirtschaftliche Nutztiere Verordnungen die Haltungsbedingungen und den Umgang bestimmen, gelten hier lediglich Leitlinien. Dieser Zustand scheint nicht zuletzt unvereinbar mit der Kopplung des Schutzniveaus an die Entwicklungsstufe des Tieres zu sein (siehe Seite 26).

Ein eher technisches Problem läge bei der Umwandlung in der Übernahme der ethnologischen Grundlagen, da diese eher feststellenden Charakter haben und keine Rechtswirkung. Hier käme allerdings in Betracht, diese Ausführungen in eine Präambel, einen Anhang oder die amtliche Begründung aufzunehmen.

a. Konkrete Verbote und Gebote

Die Aufnahme weiterer konkreter Verbote und Vorschriften würde ebenfalls die Arbeit der Behörden erleichtern, da es möglich wäre, bestimmte Haltungsbedingungen ohne tiefergehende Argumentation als tierschutzwidrig zu benennen und Maßnahmen zu ergreifen. Hierdurch würde das behördliche Handeln deutlich effektiver gestaltet; auch ein präventives Eingreifen im Sinne des vorbeugenden und ethischen Tierschutzes wäre besser gewährleistet.

Zudem hätten wiederum die Pferdehalter eine verbindliche Orientierungshilfe, sodass es seltener zu Missverständnissen und Unstimmigkeiten kommt.

Die positive Wirkung der Ausweitung expliziter Verbote einzelner Sachverhalte können auch die Erfahrungen des *Landkreises Verden* belegen. Während in der Vergangenheit bei sexuellen Handlungen an Tieren zunächst Schmerzen und Schäden begründet und nachgewiesen werden mussten, können nun nach Einführung des expliziten Verbots (§ 3 Satz 1 Ziff. 13 TierSchG) deutlich einfacher Anordnungen getroffen und Bußgelder verhängt werden[139].

Welche Verbotstatbestände und Vorschriften hier in Betracht kommen, bedarf einer Einzelfallabwägung. Die Vorgabe von Haltungsbedingungen stellt einen Eingriff in das Recht auf Eigentum aus Art. 14 Abs. 1 GG und unter Umständen auch in die Berufsfreiheit aus Art. 12 Abs. 1 GG dar, welcher dem Gebot der Verhältnismäßigkeit genügen muss. Insbesondere ist nach der aktuellen

---

[139] *Landkreis Verden*, Interview.

Rechtsprechung zu berücksichtigen, dass eine Tierhaltungsverordnung eine Verletzung des verfassungsrechtlichen Parlamentsvorbehaltes darstellen kann, sofern die vorgesehenen Haltungsbedingungen betroffene Personen so stark in ihrer Berufsfreiheit beschränken, dass der Eingriff auf die Berufswahl zurückwirkt, indem es beispielsweise durch enorme wirtschaftliche Einschnitte einen Betrieb zum Erliegen bringt[140]. Ein solcher Eingriff darf nur durch eine gesetzliche Regelung erfolgen[141].

Ein Verbot beispielsweise der Einzelhaltung in Boxen ist vor diesem Hintergrund nicht umsetzbar, da es den überwiegenden Teil der Pferdehalter so stark belasten würde, dass die Haltung aus finanziellen Gründen unmöglich würde.

In Betracht kämen allerdings die von Tierschützern und Veterinärmedizinern geforderten Regelungen zur freien Bewegung. So könnte das bereits enthaltene abstrakte Gebot zur Gewährung von mehrstündiger freier Bewegung (Ziff. 2.1.2. PferdHaltL) insofern ausgeweitet werden, als dass hier konkret der bereits anerkannte[142] Rahmen von drei bis vier Stunden vorgeschrieben wird. Ergänzend könnte vorgeschrieben werden, dass die Bewegung unkontrolliert auf Weideflächen stattfinden soll.

Ausnahmen müssten bei kranken (nicht mehr uneingeschränkt bewegungsfähigen) Pferden und bei extremen Witterungsbedingungen zugelassen sein; weiterhin müsste, um dem Grundsatz der Verhältnismäßigkeit zu genügen, eine ggf. übergangsweise Ausnahmeregelung für kleinere Haltungen ohne eigene oder ohne zugängliche Weideflächen getroffen werden.

Darüber hinaus wäre ein Verbot der Einzelhaltung mit entsprechenden Ausnahmen für verhaltensgestörte oder kranke Tiere sinnvoll, welches derzeit noch in den PferdHaltL nur indirekt enthalten ist. Angesichts der schwerwiegenden Folgen mangelnder Sozialkontakte wäre ein solcher Eingriff gerechtfertigt, auch wenn hierdurch in Einzelfällen Halter, die nur ein Tier besitzen, dieses abgeben müssten. Veterinärämter können schon jetzt, begründet auf

---

[140] *OVG Schleswig-Holstein* in JurionRS 2014, 33598; siehe auch *BVerfG* in BVerfGE 36, 47.
[141] *Hoffmann* in Schmidt-Bleibtreu, Art. 12, Rn. 13, 60.
[142] *VG Düsseldorf*, Urteil vom 04.12.2006, Az. 23 K 4059/05, Rn. 22 ff. <openjur>.

§ 16a und § 2 TierSchG, die Vergesellschaftung einzeln gehaltener Tiere anordnen[143], weshalb eine solche Regelung von Verordnungsrang ebenfalls verhältnismäßig erscheint.

b. Aufnahme von Bußgeldvorschriften

Sofern eine Umsetzung als Verordnung erfolgt ist, wäre es weiterhin möglich, in einer solchen Verordnung Bußgeldtatbestände aufzunehmen; so könnten bestimmte Sachverhalte direkt in Verbindung mit § 18 Abs. 1 Ziff. 1 Lit. a TierSchG direkt mit einem Bußgeld geahndet werden. Dies würde ebenfalls eine stärkere abschreckende Wirkung entfalten und auch die Arbeit der Behörden fördern, da zusätzlich zu Anordnungen auch Bußgelder verhängt werden könnten, ohne den Nachweis über die Erheblichkeit der entstandenen Leiden, Schäden oder Schmerzen führen zu müssen.

c. Sachkundenachweis

Gerade um der Problematik des mangelnden Verständnisses für Bedürfnisse und natürliche Eigenschaften der Pferde erscheint es sinnvoll, für alle Pferdehalter einen Sachkundenachweis vorzuschreiben. Dies ist bereits beispielsweise bei der Haltung bestimmter Hundearten (§ 4 Abs. 3 Landeshundegesetz NRW[144]) oder auch bei der gewerblichen Pferdehaltung (§ 11 Abs. 2 Ziff. 1 TierSchG) vorgesehen. Auch hierzu enthält der § 2a TierSchG eine explizite Ermächtigung (Abs. 1 Ziff. 5).

§ 2 Ziff. 3 TierSchG sieht bereits vor, dass der Halter eines Tieres die für die artgerechte Haltung notwendigen Fähigkeiten und Kenntnisse haben muss; die PferdHaltL führen dies ebenfalls auf (Ziff. 2.2.), nennen aber keine verbindlichen inhaltlichen Vorgaben. Es wird verwiesen auf Kurse und Schulungen der *FN*.

Zwar besitzen viele Reiter und auch Pferdehalter bereits durch ihre Arbeit mit dem Pferd und die Teilnahme an Ausbildungsgängen der *FN* eine gewisse Sachkunde[145], allerdings ist dies nicht bei

---

[143] *VG Trier*, Urteil vom 16.06.2014, Az. 6 K 1531/13.TR, Rn. 16 ff. <juris>.
[144] Hundegesetz für das Land Nordrhein-Westfalen (Landeshundegesetz - LHundG NRW) Vom 18. Dezember 2002, GV. NRW. 2002 S. 656.
[145] So auch *Landkreis Verden*, Interview.

allen – insbesondere nicht bei beginnenden – Reitern gewährleistet. Zudem sind Reiter und Halter nicht immer identisch; oft werden Pferde in Pensionen eingestellt.

Hier könnte, analog zu gewerblichen Pferdehaltungen, die Abnahme eines Sachkundenachweises mit bestimmten Inhalten vorgeschrieben werden. Es erscheint hier sachgerecht, Qualifikationen nach der APO als Sachkundenachweis anzuerkennen. Auch wäre es möglich, teilweise auf die APO, beispielsweise auf den Anforderungs- und Inhaltskatalog des dort geregelten Sachkundenachweises (§§ 2300 ff APO), zu verweisen. Eines ähnlichen Verweises bedient sich der Gesetzgeber bereits bei der Definition der verbotenen Substanzen im Sinne des § 3 Ziff. 1b TierSchG (Ziff. 2.1.1 TierSchVwV).

Ein verbindlicher Sachkundenachweis wäre auch kein unangemessener Eingriff in die Rechte der Pferdehalter. Der finanzielle und zeitliche Aufwand zur Erlangung eines solchen Sachkundenachweises ist angesichts der Risiken, die mangelnde Sachkunde bei der Pferdehaltung birgt, relativ gering; Lehrgänge für den Sachkundenachweis nach § 11 Abs. 2 Ziff. 1 TierSchG und für den Sachkundenachweis der *FN* werden für 200,- € bis 400,- € angeboten und dauern in der Regel zwischen vier und fünf Tagen[146].

Ein Sachkundenachweis ist zudem deutlich effektiver und nachhaltiger als Kontrollen und Bestrafung, da er bereits frühestmöglich Problemen entgegenwirkt und durch Unwissenheit und Missverständnisse verursachten Verstößen vorbeugt anstatt diese erst nachträglich zu beseitigen.

Dieser Aufwand erscheint in Anbetracht des Schutzzwecks vertretbar, weshalb hier ebenfalls keine unverhältnismäßige Belastung vorläge.

2. Regelungen zum Pferdesport

Zusätzlich zur Schaffung einer Verordnung für die tierschutzgemäße Pferdehaltung erscheint es sinnvoll, Bestimmungen[147] zur Ausbildung, zum Training und zu Veranstaltungen im Pferdesport

---

[146] Vgl. u.a. *Hofgut Neumühle*, Sachkundenachweis; *Amt für Ernährung, Landwirtschaft und Forsten Fürstenfeldbruck*, Sachkundenachweis, *Kölner Pferdeakademie*, Sachkundenachweis.
[147] Vorschlag siehe Anhang I (Seite 66).

zu erlassen. Hier müsste allerdings zunächst eine geeignete Ermächtigungsgrundlage im § 2a TierSchG[148] geschaffen werden, da dort nur Verordnungen zu Ausbildung und Training (Absatz 1a) vorgesehen sind.

Eine solche Verordnung scheint notwendig, da besonders hier die behördliche Arbeit durch mangelnde konkretisierende Vorschriften erschwert wird.

Die Verordnung könnte auf den Leitlinien Tierschutz im Reitsport basieren, die ebenfalls weitestgehend anerkannt sind. Wie bereits oben dargestellt, wäre die Umsetzung daher argumentativ wenig kompliziert.

Darüber hinaus scheint es angebracht, die Verordnung um einige Verbote und Gebote zu ergänzen.

a. Konkrete Verbote von Ausbildungs- und Trainingsmethoden

Alle Methoden des Barrens – wie bereits in der Schweiz geschehen – zu verbieten, erscheint insgesamt verhältnismäßig und sachgerecht. Diese Methoden sind mit Schmerzen sowie dem Erzeugen von Angst und ggf. langfristigen Schäden verbunden und für das erfolgreiche Reiten nicht notwendig; auch mit anderen Methoden kann die Sprungfähigkeit des Pferdes gesteigert werden[149]. Auch, wenn nicht die gleiche Sprungfähigkeit ohne Barren erreicht werden kann, ist fraglich, ob dann nicht ohnehin ein Verstoß gegen § 3 Ziff. 1b 1. Alt. TierSchG (leistungssteigernde Maßnahmen) immanent wäre. Das Verbot des Barrens scheint somit verhältnismäßig, da es kaum in die Rechte der Reiter aus Art. 2 Abs. 1 GG eingreift.

Weiterhin ist die Hyperflexion nach dem aktuellen wissenschaftlichen Erkenntnisstand derart risikoreich, dass ein Verbot hier ebenfalls angemessen wäre. Auch diese Methode ist ebenfalls nicht unbedingt notwendig, um reiterliche Erfolge zu erzielen, weshalb hier der Schutz des Tieres das Freiheitsrecht der Reiter eindeutig überwiegt.

Auch wäre es denkbar, den Einsatz von Treibmitteln zum Strafen und den Einsatz von Zügeln und Riemen als Mittel der Bewe-

---

[148] Vorschlag siehe Anhang I (Seite 57).
[149] Vgl. auch *Miller*, Interview.

gungs- und Atmungseinschränkung direkt zu verbieten, wie es bereits die Leitlinien Tierschutz im Pferdesport vorsehen. Beides widerspricht auch nach den Reglements der *FN* den reiterlichen Grundsätzen und ist im Rahmen der Ausbildung nicht förderlich. Das Interesse der Reiter an einer möglichst schnellen und zielführenden Ausbildung und möglichst großen und schnellen Erfolgen kann daher zurücktreten.

Anhand solcher Verbote wäre es wiederum möglich, auch präventiv bereits vor dem Entstehen schwerwiegender (erheblicher) Schäden einzugreifen, was dem Grundsatz des ethischen Tierschutzes deutlich stärker entsprechen würde. Formen des präventiven Eingreifens scheinen zudem deutlich sinnvoller angesichts der Absicht des Gesetzgebers, den verantwortungsvollen Umgang mit dem Tier zu fördern.

Aus den obengenannten Gründen kann es auch hier sinnvoll sein, Bußgeldtatbestände aufzunehmen.

b. Regelungen zu Turnieren

Da im Bereich des Turniersports besonders hinsichtlich der Überforderung und auch des Dopings Verstöße auftreten, wäre es sinnvoll, auch zu Turnieren konkretisierende Vorschriften zu erlassen.

Wie bereits dargestellt, besteht für eine solche Verordnung, die das Turnier selbst regelt, keine Ermächtigungsgrundlage; auch bestehen keine Verbote im TierSchG, die sich direkt auf die Ausrichtung von Turnieren beziehen.

Zusätzlich müsste daher in § 3 des TierSchG ein abstraktes Verbot aufgenommen werden[150]. Dieses könnte derart lauten, dass das Ausrichten von Wettkämpfen und Leistungsprüfungen verboten ist, sofern, aufgrund der Geländebeschaffenheit oder Parcoursaufbauten bzw. der Art, Dauer und Schwierigkeit des Turniers eine erhöhte Gefahr von Verstößen gegen das TierSchG besteht.

Weiterhin wäre es in diesem Rahmen nötig, zu klären, in wie weit der Turnierveranstalter im Rahmen behördlicher Anordnungen als Zweckveranlasser in Anspruch genommen werden kann und dieses gegebenenfalls explizit zu regeln[151]. Eine Inspruchnahme wäre nach dem allgemeinen Ordnungsrecht zwar möglich, jedoch

---

[150] Vorschlag siehe Anhang I (Seite 57)
[151] Vorschlag siehe Anhang I (Seite 57).

würde hier eine Regelung im Tierschutzgesetz, die die Inanspruchnahme von Veranstaltern von Turnieren, Tierausstellungen, Prüfungen oder ähnlichem explizit vorsieht, eine höhere Rechtssicherheit schaffen.

Darauf aufbauend könnte eine Verordnung beispielsweise die Bodenbeschaffenheit, bestimmte Geländeaufbauten oder die Durchführung von Verfassungskontrollen vorschreiben. Ob hier sinnvollerweise auf die Bestimmungen der *FN* verwiesen werden könnte, ist fraglich – immerhin konnten die genannten problematischen Turnierveranstaltungen trotz dieser Bestimmungen stattfinden und waren auch mit den Bestimmungen der LPO vereinbar.

Denkbar wäre auch eine Anzeigepflicht, die dem Turnierveranstalter vorschreibt, die Ausschreibung, eine Beschreibung des Turniers einschließlich Gelände- oder Parcoursskizze, und eine Übersicht über alle Nennungen der örtlichen Veterinärbehörde vorzulegen. Die Veterinärämter könnten so bereits im Vorfeld eine Risikobeurteilung vornehmen und entsprechende Maßnahmen oder Kontrollen durchführen.

Die genannten Lösungsmöglichkeiten stellen zwar einen nicht unerheblichen Eingriff in die Rechte der Veranstalter dar, sind allerdings in Anbetracht des Risikos angemessen. Auch wenn der Reiter selbstverständlich primär für sein Pferd und dessen Wohlergehen verantwortlich ist, kann nicht von jedem – gerade auch unerfahrenen – Reiter erwartet werden, dass dieser – insbesondere bei vorherrschendem Leistungs- und Erfolgsdruck – ausreichend einschätzen kann, ob er und sein Pferd den Prüfungen gewachsen sind.

Es sollte daher auch dem Veranstalter solcher Turniere eine erhöhte rechtliche Pflicht zur Berücksichtigung von Tierschutzbelangen und eine Verantwortungspflicht für die Sicherheit der Teilnehmer übertragen werden. Wie bereits dargestellt (siehe Seite 50), besteht bereits eingeschränkt eine zivilrechtliche Sorgfaltspflicht, die allerdings ausgebaut und auf den Bereich des Tierschutzrechts ausgeweitet werden sollte. Wer ein Turnier ausrichtet, sollte nach dem allgemeinen Rechtsverständnis auch dafür Sorge zu tragen haben, dass die Aufgaben objektiv dem Leistungsvermögen der Teilnehmer entsprechen und ungefährlich sind. Möglich wäre es auch, diese Verpflichtung ähnlich der in den §§ 1

Satz 2 und 2 TierSchG in eine zivilrechtliche Grundpflicht[152] zu kleiden[153].

Weiterhin müssen Turniere ohnehin von der *FN* genehmigt werden (siehe Seite35); Turnierveranstalter haben auch die Verpflichtung, Gelände- und Parcoursskizzen etc. zu erstellen und einzureichen (u.a. §§ 632, 506 LPO). Der Aufwand, diese Unterlagen auch dem zuständigen Veterinäramt beizubringen, wäre daher vergleichbar gering und in Anbetracht der möglichen Schäden vertretbar.

Nicht nur im Rahmen des Reitsports würde eine solche stärkere Inanspruchnahme von Wettbewerbs- und Ausstellungsveranstaltern insbesondere den präventiven Tierschutz stärken. Durch eine Anzeigepflicht würde zudem das Problem, dass Verstöße auf Turnieren oft nicht bekannt oder angezeigt werden, begegnet.

Es ist allerdings zu berücksichtigen, dass etwaige Rechtsverordnungen und Vorschriften nicht derart belastend sein dürfen, dass die Umsetzung für Veranstalter faktisch unmöglich ist oder der Reitsport sowie einzelne Traditionsturniere als Kulturgut existenziell bedroht[154] sind. Es müsste daher insbesondere durch Ausnahmeregelungen für kleinere Turniere ein schonender Ausgleich zwischen allen berechtigten Interessen geschaffen werden.

Nicht zu vernachlässigen ist auch die Verantwortlichkeit der Turnierrichter und der sonstigen Delegierten der *FN*, die durch ihre Überwachungsaufgaben im Rahmen der Verbandsreglements eine gewisse Garantenstellung für die Vermeidung von Verstößen innehaben. Im Gegensatz zum Veranstalter, der den Einsatz von Tieren auf seinem Parcours bzw. Gelände auch zum eigenen Gewinn beabsichtigt und somit rechtlich für die Sicherheit der teilnehmenden Tiere einstehen sollte, sind die Delegierten der *FN* allerdings lediglich Kontrolleure, die im Rahmen ihrer Verbandstätigkeit die Einhaltung von Verbandsreglements überwachen. Eine Inanspruchnahme im gleichen Maße wäre daher unverhältnismäßig; es wäre höchstens denkbar, ein Bußgeld vorzusehen, falls eine Person als Turnierrichter oder in einer ähnlichen Funktion einen Durchlauf oder eine Veranstaltung bei offenkundiger Überforderung des Tieres nicht abbricht. Da der Nachweis hier allerdings

---

[152] Vgl. *Metzger,* § 1, Rn. 13; a.a.O., Einführung, Rn. 106.
[153] Vorschlag siehe Anhang I (Seite 58).
[154] Vgl. *Unna,* Interview; *Landkreis Verden,* Interview.

vermutlich enorm aufwändig wäre, wäre eine solche Vorschrift allerdings eher weniger nützlich.

Insgesamt überwiegen hier die Tierschutzbelange die Interessen der Turnierveranstalter und -teilnehmer. Insbesondere fordert das Ziel eines ethischen Tierschutzes und der Förderung des verantwortungsvollen Umgangs mit dem Tier auch hier ein deutlich höheres Schutzniveau und Vorschriften, die über die bloße Vermeidung von Schäden hinausgehen.

3. Ausweitung der Generalklausel

Abgesehen von den obengenannten Änderungen der Ermächtigungsnormen im Tierschutzgesetz wäre es auch denkbar, die Ermächtigung des § 16a TierSchG insofern auszuweiten, als dass auch Anordnungen der Gefahrenvorsorge möglich werden.

Es erscheint inkonsequent, dass einerseits die Vorschriften des Tierschutzgesetzes auf die Gefahrenvorsorge abzielen und der verantwortungsvolle Umgang mit dem Tier im Vordergrund steht und andererseits gleichzeitig die Anordnungsermächtigung lediglich dort gilt, wo bereits in der Regel durch längeres eben nicht verantwortungsvolles Verhalten konkrete Gefahren oder Schäden eingetreten sind. Das Pferd, welches permanent der Rollkur ausgesetzt ist oder kaum Weidegang erhält, kann daher durch die Veterinärämter faktisch erst dann geschützt werden, wenn bereits Schäden festgestellt werden können.

Auch widerspricht diese Ermächtigung der Kopplung des Schutzniveaus an die Entwicklungsstufe des Tieres. Die Ermächtigungsnorm schützt Tiere, die besonders empfindsam und dadurch auch stärker schutzbedürftig sind, nicht in ausreichendem Maße.

Zu berücksichtigen ist hierbei, dass eine etwaige präventive Ermächtigungsnorm dazu führen könnte, dass verstärkt übermäßige Anordnungen getroffen werden könnten, sofern Behörden auch aus Rechtsunsicherheit unbewusst zu hohe Maßstäbe anlegen und so ihre Ermessensgrenzen überschreiten. Hier wäre es daher zunächst notwendig, die bereits dargelegten Rechtsverordnungen als verbindlichen Maßstab einzuführen und die Ermächtigungsnorm analog zur Anordnungsbefugnis im Immissionsschutz[155]- oder Bodenschutzrecht[156] zu gestalten[157].

Sofern durch Rechtsverordnungen ausreichend konkretisierende Vorschriften geschaffen werden, wäre es auch denkbar, ohne Änderung des § 16a TierSchG notwendige präventive Maßnahmen zu ergreifen. Allerdings wäre es dann auch deutlich diffiziler, im Einzelfall auf neue wissenschaftliche Erkenntnisse zu reagieren.

II. Kontrollen

Das Fehlen von Kontrollen, insbesondere bei Turnieren, sollte sowohl von Veterinärbehörden als auch von Gesetz- und Verordnungsgebern mit geeigneten Maßnahmen begegnet werden. Hierbei ist allerdings zu berücksichtigen, dass die Veterinärbehörden oft ohne zusätzliche finanzielle Mittel personell nicht fähig sind, die Kontrollen auszuweiten, insbesondere da die Kontrolle von Pferden nur einen kleinen Teil der behördlichen Tätigkeit darstellt[158]. Primär sollte daher durch Verordnungen oder Erlasse eine Grundlage geschaffen werden, die auch den Einsatz zusätzlicher personeller und finanzieller Mittel rechtfertigt.

1. Einheitliche Regelung von Kontrollen

Gerade der von den befragten Veterinärämtern geäußerte Wunsch nach einheitlichen Kontrollvorschriften, beispielsweise durch Erlasse des jeweiligen Landesministeriums[159], sollte Berücksichtigung finden. Nicht nur verstärkte, sondern auch einheitliche

---

[155] § 24 Gesetz zum Schutz vor schädlichen Umwelteinwirkungen durch Luftverunreinigungen, Geräusche, Erschütterungen und ähnliche Vorgänge (Bundes-Immissionsschutzgesetz - BImSchG) vom 17. Mai 2013 (BGBl. I S. 1274), zuletzt geändert durch Artikel 1 des Gesetzes vom 20. November 2014 (BGBl. I S. 1740)
[156] § 10 Abs. 1 Gesetz zum Schutz vor schädlichen Bodenveränderungen und zur Sanierung von Altlasten (Bundes-Bodenschutzgesetz - BBodSchG) vom 17. März 1998 (BGBl. I S. 502), zuletzt geändert durch Artikel 5 Absatz 30 des Gesetzes vom 24. Februar 2012 (BGBl. I S. 212)
[157] Vorschlag siehe Anhang I (Seite 57).
[158] So auch Landkreis Verden 2015; Unna 2015
[159] *Landkreis Verden*, Interview; *Schimanski*, Interview.

Kontrollvorschriften sind notwendig, um flächendeckend die ausreichende Einhaltung der Tierschutzvorschriften zu überwachen.

Hier wäre die Vorgabe eines Kontrollleitfadens, wie ihn bereits die Region Hannover anwendet, sinnvoll, da so die Vereinheitlichung bestmöglich sichergestellt würde. Dies würde weiterhin die Grundlage für statistische Erhebungen darstellen, um langfristig Rückschlüsse auf Phänomene und Ursachen ziehen zu können und Maßnahmen fortzuentwickeln.

Ferner könnte eine Mindestkontrollquote, wie sie beispielsweise in Niedersachsen für landwirtschaftliche Nutztierhaltungen gilt[160], vorgeschrieben werden. Eine Zufallsauswahl oder eine Auswahl anhand eines Risikobewertungssystems, wie es die *Region Hannover* verwendet[161], könnten die Arbeit der Behörden unterstützen.

Bei der Kontrolle von Turnieren könnte bei Vorliegen einer Anzeigepflicht (siehe oben) im Vorfeld eine Risikoeinschätzung erfolgen, anhand derer die zuständige Behörde über die Durchführung von Kontrollen entscheidet. Hier wäre ebenfalls ein Beurteilungskatalog oder jedenfalls eine Vorschrift über bestimmte verpflichtende Kontrollpunkte zweckdienlich.

Rechtliche Bedenken bezüglich einer Ausweitung von Kontrollvorschriften bestehen nicht. § 2a Abs. 1 Ziff. 4 TierSchG ermächtigt zum einen das Bundesministerium, durch Rechtsverordnung Kontrollen auch bundesweit einheitlich zu regeln. Zum anderen ermächtigt der § 16 TierSchG die Veterinärämter bereits zu umfangreichen Kontrollen und regelt zudem Auskunftspflichten sowie Beweissicherungs- und Betretungsrechte der Behörde. Die rechtlichen Grundlagen für Kontrollen sind daher bereits geschaffen.

Auch etwaige Kontrollvorschriften bei Turnieren würden die Rechtslage kaum verändern, da die Behörden bereits jetzt Kontrollen auf Turnieren zur Wahrnehmung ihrer Aufnahmen vornehmen dürfen.

Denkbar wäre es auch, Wettbewerbe und Ausstellungen in den Katalog der der behördlichen Aufsicht unterliegenden Einrichtungen (§ 16 Abs. 1 TierSchG) aufzunehmen, um die Rechtsposition

---

[160] *Landkreis Verden*, Interview; *Schimanski*, Interview.
[161] *Schimanski*, Interview.

der Behörden zu stärken und die Verantwortlichkeit der Veranstalter (siehe Seite 63) herauszustellen.

In jedem Falle wären solche Vorschriften aber verhältnismäßig, da die aktuelle Situation mit immer wieder auftretenden Verstößen und Skandalen einen dringenden Bedarf nach stärkeren Kontrollen indiziert. Die zusätzlichen Eingriffe, die Halter und Turnierveranstalter entstünden, wären angesichts der Tatsache, dass zahlreiche Verstöße zu besorgen sind und sich oftmals der behördlichen Kenntnis entziehen, vertretbar.

Es ist allerdings zu beachten, dass die Kontrollmaßnahmen unter Umständen besonders bei der Kontrolle von Ausbildung und Training in ihrer Wirkungsweise eingeschränkt werden, da Reiter tierschutzwidriges Verhalten bei Anwesenheit des Amtsveterinärs abstellen können[162]. Auch bei Turnieren wäre anzunehmen, dass tierschutzwidrige oder jedenfalls strittige Methoden dann gezielt abgestellt werden. Erfolgreich im Sinne des Tierschutzes wäre dies allerdings dennoch, da zumindest bei den kontrollierten Turnieren und Einrichtungen weniger Verstöße vorkommen würden. Zudem würde allein die Kenntnis der Möglichkeit verstärkter, auch verdeckter und unangemeldeter, Kontrollen, insbesondere in Verbindung mit einer entsprechenden Öffentlichkeitsarbeit der Behörden, vermutlich viele Reiter sensibilisieren und so Verstößen vorbeugen[163].

2. Aufgabenübertragung auf die *FN*

Denkbar wäre es, insbesondere in Anbetracht der personellen und finanziellen Mehrbelastung der Kommunen und Kreise die Aufgaben der Überwachung von Turnieren auf die *FN* zu übertragen, da diese ohnehin Richter, Turniertierärzte und sonstige Delegierte auf Turnieren bereitstellt um die Einhaltung des Verbandsreglements sicherzustellen, zudem sind die Delegierten der *FN*, insbesondere die Turniertierärzte, auf Pferde spezialisiert[164]. Diese Aufgabenübertragung könnte etwa im Rahmen einer Beleihung geschehen.

---

[162] So *Landkreis Verden*, Interview.
[163] Siehe auch Ergebnisse einschlägiger Erkenntnisse zur Wirksamkeit von Verkehrskontrollen, etwa *Karadag*, Verkehrssicherheit, S. 42 ff. m.w.N.; *Landtag NRW*, Drs. 16/7140, S. 2.
[164] So auch *Unna*, Interview.

Einerseits erscheint dies angesichts der vorhandenen Strukturen sinnvoll, andererseits stehen hier erhebliche rechtliche und politische Probleme entgegen; ganz abgesehen davon, dass zunächst eine einvernehmliche Regelung zwischen Staat und *FN* herbeigeführt werden müsste.

Die Kontrolle von Turnieren und insbesondere Anordnungen nach dem Tierschutzgesetz als hoheitliche Aufgaben sollen nach Art. 33 Abs. 4 GG in der Regel Angehörigen des öffentlichen Dienstes übertragen werden. Es müssten daher sachliche Gründe für die Aufgabenübertragung vorliegen[165]. So ein Grund könnte beispielsweise der haushalts- und dienstrechtlich flexiblere Einsatz von Fachkräften sein[166], da es für Veterinärbehörden deutlich schwieriger wäre, Personal mit ausreichender Fachqualifikation für diese Aufgabe abzustellen.

Zunächst müsste zudem eine gesetzliche[167] Grundlage für die Kooperation und Beleihung geschaffen werden, die auch Aufgaben, Befugnisse, Berichtspflichten und Entschädigung sowie die Überwachung der *FN* regelt. Eine besonders explizite Regelung wäre hier aufgrund der Eigenschaft der *FN* als Interessensgemeinschaft unabdingbar.

Die *FN* ist zwar primär ein Sportverband, vertritt als solcher aber Interessen der Reiter und des Pferdesports. Auch, wenn man der *FN* aufgrund unterschiedlicher innerer Lager nicht klar eine einseitige Position zuschreiben kann wie beispielsweise Tierschutzverbänden, stehen ihre Interessen dennoch oftmals im Kontrast zu Tierschutzbelangen und gegebenenfalls auch zu Ansichten des Staates. Es wäre nicht zuletzt ein Politikum von enormer Tragweite[168], wenn der Staat hoheitliche Aufgaben auf einen Interessenverband übertragen würde. Insbesondere würde der Staat hier gerade die Überwachung des Pferdesports in die Hände seiner eigenen Interessensvertretung legen; die *FN* würde letztlich sich selbst kontrollieren. Dies würde den Grundprinzipien eines Rechtsstaats widersprechen. Dass hier neutrale Entscheidungen gefällt

---

[165] *Freitag*, Beleihung, S. 58 ff.
[166] *Freitag*, Beleihung, S. 61.
[167] Vgl. *Freitag*, Beleihung, S. 70 ff.
[168] Vgl. auch *Landkreis Verden*, Interview, zu Kooperationen mit der *FN* im Allgemeinen.

werden, scheint zweifelhaft; zu groß sind die Befangenheit der Akteure und die nicht zuletzt auch finanzielle Abhängigkeit der *FN* von ihren Mitgliedern, die letztlich auch Vorstand und Organe der *FN* demokratisch bestimmen.

Nicht zuletzt besteht auch die Möglichkeit, dass Entscheidungen und Einschätzungen der Turniertierärzte nicht neutral gefällt werden. Turniertierärzte sind oft praktizierende Tierärzte aus der Region, die auf ihren Patientenstamm angewiesen sind; bei Disqualifikationen könnten sie Patienten verlieren, was wirtschaftliche Nachteile bedeuten würde[169]. Eine wirtschaftliche Befangenheit kann daher oftmals nicht ausgeschlossen werden.

Der Staat hätte außerdem die Pflicht, hier die ordnungsgemäße Erfüllung der Aufgaben sicherzustellen und müsste auch dafür einstehen[170]. Die Gefahr von Interessenskonflikten, Korruptionsfällen oder der Befangenheit der entscheidenden Personen scheint angesichts der oben dargelegten Gründe schlichtweg zu groß, um ein solches Risiko einzugehen.

Letztlich scheint diese Aufgabenübertragung zwar auf den ersten Blick sinnvoll und zweckmäßig zu sein, auch um die Kommunen personell und finanziell zu entlasten, allerdings sind die rechtlichen und politischen Gefahren zu hoch, als dass dies umsetzbar wäre. Zuletzt wäre die Aufgabenübertragung auf Interessensverbände verfassungswidrig, da sie dem Rechtsstaats- (Art. 20 Abs. 3 GG) und Demokratieprinzip (Art. 20 Abs. 1 GG) widerspräche.

II. Nicht-hoheitliche Maßnahmen

Wie bereits angemerkt, können die aktuellen Probleme nicht allein durch hoheitliches Handeln adäquat bekämpft werden. Insbesondere das mangelnde Bewusstsein vieler Reiter und Halter für die Bedürfnisse und Eigenarten ihrer Pferde lässt sich kaum durch hoheitliche Maßnahmen, wohl aber durch Öffentlichkeits- und Aufklärungsarbeit sowie Kooperationen angehen[171].

1. Aufklärungs- und Öffentlichkeitsarbeit

Denkbar wäre zunächst eine Information über geltendes Recht, insbesondere wenn neue Vorschriften (siehe oben) erlassen oder

---

[169] *Unna*, Interview.
[170] *Freitag*, Beleihung, S. 85 ff.
[171] Vorschlag siehe Anhang II (Seite 72).

bestehende Vorschriften geändert werden. Dies könnte sowohl durch Kampagnen des *BMEL* als auch der Ministerien der Länder oder die einzelnen Veterinärbehörden erfolgen, auch über örtliche Reitvereine, die *FN* oder sonstige Akteure des Pferdesports sowie landwirtschaftliche Verbände erfolgen.

Hier wäre eine Kooperation mit der *FN* durchaus vertretbar und zweckdienlich, da die *FN* hier lediglich als Kooperationspartner in einem nicht hoheitlichen sondern lediglich informativen Rahmen und zudem bloß als Bote staatlicher Informationen auftreten würde und sich daher aus der Zusammenarbeit kein rechtliches Risiko ergeben würde. Die *FN* hat zudem die besten Möglichkeiten, Informationen an die angeschlossenen Reitsportvereine und somit nahezu alle Reiter und Pferdebesitzer weiterzutragen.

Auch eine Kooperation der Veterinärämter mit örtlichen Vereinen oder den Pferdehaltern direkt wäre denkbar; die *Region Hannover* hat bereits gute Erfahrungen mit dieser Vorgehensweise gemacht. Es wurden informative Rundschreiben zu den Vorgaben der Pferd-HaltL versandt, darüber hinaus wird mit dem *Landvolkkreisverband Hannover e.V.* im Rahmen der Aufklärung über Haltungsbedingungen vor Ort kooperiert. Zusätzlich werden fachliche Informationen über den *Pferdesportverband Hannover e.V.* verbreitet[172]. Diese Maßnahmen seien durch die Förderung von Eigeninitiative und Selbstkontrolle effektiver und nachhaltiger als rein hoheitliches Handeln und habe viele Pferdehalter dazu bewegt, die Haltungsbedingungen ihrer Pferde kritisch zu beurteilen und zu verbessern[173].

2. Gemeinsames Gremium mit der *FN*

Es wäre auch denkbar, langfristig in einem gemeinsamen Gremium mit der *FN* zusammenzuarbeiten um etwa fachliche Informationen auszutauschen und auch bei der Überarbeitung der Verbandsreglements beratend mitzuwirken.

Hier wären zwar politische Probleme ebenfalls zu erwarten, allerdings nicht in gleichem Maße wie bei einer Aufgabenübertragung. Da hier lediglich beratend und unverbindlich kooperiert würde,

---

[172] Schimanski, Interview.
[173] Schimanski, Interview.

stünden auch hier keine überwiegenden rechtlichen oder politischen Erwägungen dem wichtigen Erfahrungsaustausch entgegen.

Es ist allerdings fraglich, ob und unter welchen Umständen die *FN* hierzu bereit wäre und insbesondere ob sich Ansichten der staatlichen Vertreter gegen die Ansichten der ebenfalls fachkundigen Vertreter der *FN* bei der Erarbeitung von Reglements und Richtlinien durchsetzen könnten.

Die generelle Bereitschaft zum gegenseitigen Austausch und zur stärkeren Berücksichtigung von Tierschutzbelangen hat die *FN* jedoch durch die bereits beschriebenen Bestrebungen und auch die Mitwirkung beispielsweise an der Erstellung der PferdHaltL bewiesen.

E. Fazit

Die Situation im Reitsport ist zwar nicht unerträglich, auch ist längst nicht jeder Reiter Tierschutzbelange missachtet, eher scheinen erhebliche Verstöße eher im geringeren Maße vorzukommen. Auch kann nicht generell jede Reitmethode, die dem Pferd auch nur leicht schadet oder schaden könnte, grundsätzlich verurteilt werden. Dennoch besteht für Staat und Verwaltung ein deutlicher Handlungsbedarf, um Missstände zu beheben und Verstößen stärker vorzubeugen. Trotz einer erkennbaren Tendenz aller Akteure des Reitsports zu einer stärkeren Berücksichtigung von Tierschutzbelangen entspricht die aktuelle Situation nicht dem verfassungsmäßigen Ziel eines ethischen Tierschutzes, der den verantwortungsvollen Umgang des Menschen mit dem Tier als Mitgeschöpf in den Mittelpunkt stellt.

Der Staat und die Verwaltung müssen hier, entsprechend ihrer sich aus dem Art. 20a GG und dem § 1 Satz 1 TierSchG ergebenden Handlungspflichten, sowohl durch hoheitliches als auch kooperatives und informatives Handeln sicherstellen, dass auch im Reitsport Pferde ausreichenden Schutz genießen und ein verantwortungsvoller, sittlicher Umgang mit dem Mitgeschöpf Pferd deutlich stärker gefördert wird.

Am dringendsten scheint hier der Bedarf nach konkretisierenden Normen auf dem Gebiet der Haltung und des Sports, die das behördliche Handeln vereinfachen und Rechtssicherheit schaffen. Die aktuellen Regelungen sind in dieser Hinsicht nicht ausreichend und behindern das effektive Eingreifen der Behörden.

Insbesondere sind Normen, die eine bedürfnisgerechte Haltung mit ausreichenden Möglichkeiten unkontrollierter Bewegung gewährleisten, Ausbildungs- und Trainingsmethoden mit erhöhtem Gefahrenpotential verbieten und für eine erhöhte Sicherheit auf Turnieren sorgen, vonnöten. Diese können durch Rechtsverordnungen umgesetzt werden, teilweise sind hierfür auch zusätzliche Ermächtigungen und generelle Normen im Tierschutzgesetz notwendig.

Ebenfalls notwendig sind die Erweiterung behördlicher Befugnisse sowie die Ausweitung und Vereinheitlichung von Kontrollen, um Verstöße effektiver aufklären und verfolgen zu können. Insbesondere ist die Schaffung von Eingriffsmöglichkeiten zur Gefahrenvorsorge notwendig, da nur so der ethische Tierschutz im Sinne der Verfassung verwirklicht werden kann.

Die Maßnahmen stellen zwar durchweg Eingriffe in Akteure des Reitsports dar, allerdings stellen die hier genannten Vorschläge noch immer einen schonenden Ausgleich zwischen dem verfassungsmäßigen Ziel eines ethischen Tierschutzes und der Förderung eines sittlichen, verantwortlichen Umgangs mit dem Tier und den Interessen der einzelnen Akteure dar; insbesondere auch, da viele der aus Tierschutzsicht bedenklichen Hilfen und Methoden für den Reitsport nicht unabdingbar sind.

Der Verhältnismäßigkeitsgrundsatz wäre gewahrt, da die Eingriffe im Vergleich zum Schutzzweck weniger gewichtig wären und weder der Reitsport als Ganzes noch einzelne Disziplinen oder Veranstaltungen in ihrem Wesen beschränkt würden.

Alleine können diese hoheitlichen Maßnahmen jedoch nicht ausreichen; um wirklich effektiv und nachhaltig eine Verbesserung herbeiführen zu können, muss sich der Staat auch nicht-hoheitlichen Mitteln bedienen und durch Aufklärungsarbeit, auch in Kooperation mit Reitsportverbänden und sonstigen Fachverbänden, leisten.

Auch wäre es denkbar, mit der *FN* stärker im Rahmen des Erkenntnisaustausches und bei der Ausarbeitung von Richtlinien und Reglements zusammenzuarbeiten. Hierbei muss der Staat allerdings darauf achten, seine hoheitliche Stellung zu wahren und nicht den Eindruck zu erwecken, dass die Neutralität unter der Kooperation leidet.

Insgesamt bietet das geltende Recht somit eine gute Grundlage, auch den Reitsport aus Tierschutzsicht ausreichend zu regeln. Viele der genannten Maßnahmen würden zudem positiv auf andere Bereiche ausstrahlen und Grundlagen für eine weitere Verbesserung der tierschutzrechtlichen Gesamtlage schaffen.

In Kombination mit geeigneten Aufklärungs- und Kooperationskonzepten ist es somit für Staat und Verwaltung möglich, die tierschutzrechtliche Situation im Reitsport signifikant zu verbessern und so den ethischen Tierschutz und den verantwortungsvollen, sittlichen Umgang des Menschen mit dem Tier als Mitgeschöpf stärker zu verwirklichen.

Anhang I – Vorschläge zu Normänderungen

Vorschlag zur Änderung des § 2a TierSchG

(1c) Das Bundesministerium wird ermächtigt, im Einvernehmen mit dem Bundesministerium für Kultur und Sport durch Rechtsverordnung mit Zustimmung des Bundesrates, sofern es für den Schutz der Tiere erforderlich ist, Anforderungen an die Ausrichtung von Tiersportveranstaltungen, insbesondere zu Kontrollen und Parcours- oder Geländeaufbauten, festzulegen.

Die Einführung eines Abs. 1c wie dargestellt ermöglicht es dem BMEL, für jegliche Art von Sportveranstaltungen mit Beteiligung von Tieren, Anforderungen durch Rechtsverordnung zu erlassen. Da hierbei auch Belange von Sport und Kultur berührt sein können, ist das Bundesministerium für Sport und Kultur zu beteiligen.

Vorschlag zur Änderung des § 3 Satz 1 TierSchG

[Es ist verboten, ...]

1c. bei einem Wettbewerb, einer Leistungsprüfung oder einer sonstigen sportlichen Veranstaltung mit Beteiligung von Tieren Prüfungen und Aufgaben zu stellen, die eine erhöhte Gefahr für das Wohl der teilnehmenden Tiere bergen,

Die Einführung einer Ziff. 1c. wie beschrieben verbietet es den Veranstaltern von Sportveranstaltungen, gefährliche oder schädliche Aufgaben und Prüfungen zu stellen. Voraussetzung ist, dass von den Aufgaben oder Prüfungen eine erhöhte Gefahr ausgeht, d.h. dass das Risiko der Teilnahme über das hinausgeht, was ein durchschnittlicher Teilnehmer objektiv erwarten und hinnehmen muss. Somit werden nicht nur Aufbauten, die objektiv fehlerhaft aufgebaut wurden, sondern auch solche, die das durchschnittliche Leistungsvermögen der Teilnehmer und deren Tiere übersteigen, umfasst.

Das Verbot wäre in dieser Form wohl kaum handhabbar und bedürfte einer konkretisierenden Verordnung.

Vorschlag zur Änderung des § 16a TierSchG

(1) Die zuständige Behörde kann die zur Erfüllung der sich aus den §§ 1 und 2 sowie aus einer nach § 2a erlassenen Rechtsverordnung ergebenden Pflichten und zur Beseitigung und zur Vermeidung von zukünftigen Verstößen die notwendigen Anordnungen treffen.

Die Änderung des § 16a TierSchG wie beschrieben könnte die Problematik des erschwerten bzw. unmöglichen präventiven Eingreifens beseitigen. Die Gestaltung folgt hier analog zum BBodSchG und BImSchG. Durch die Aufnahme der Anordnungen zur Erfüllung von Pflichten nach dem TierSchG oder einer VO nach § 2a TierSchG werden vorsorgliche Anordnungen ohne Vorliegen einer konkreten Gefahrenlage ermöglicht.

(2) Die Behörde kann die Maßnahme auch gegen Veranstalter von Wettbewerben, Ausstellungen und vergleichbaren Veranstaltungen richten. Sie kann insbesondere

   1. eine Überprüfung der teilnehmenden Tiere,

   2. Änderungen von Aufgaben und Prüfungen, sofern zum Schutze der Tiere vor Schmerzen, Schäden und Leiden notwendig,

   3. die Anwesenheit eines Veterinärmediziners und

   4. Anforderungen zur tierschutzgerechten Unterbringung, Pflege und Versorgung der Tiere während der Veranstaltung

anordnen.

Die Einführung eines Abs. 2 wie beschrieben ermöglicht es der Behörde direkt, Maßnahmen gegen Veranstalter zu richten, sofern dies notwendig bzw. effektiver als die Heranziehung einzelner Teilnehmer ist.

Die explizit aufgeführten Maßnahmen sind die wohl am häufigsten notwendig werdenden Maßnahmen.

Vorschlag zur Änderung des § 2 TierSchG

(2) Wer mit Tieren als Ware handelt, makelt oder umgeht oder einer Tätigkeit nachgeht, die den Umgang mit Tieren zum Gegenstand hat,

1. *muss das Tier seiner Art und seinen Bedürfnissen entsprechend angemessen ernähren, pflegen und verhaltensgerecht unterbringen, dies gilt nicht in Notlagen und sofern die artgerechte Behandlung wirtschaftlich nicht zumutbar und mit dem Tierschutz nicht unvereinbar ist,*
2. *darf die Möglichkeit des Tieres zu artgemäßer Bewegung nicht so einschränken, dass ihm Schmerzen oder vermeidbare Leiden oder Schäden zugefügt werden,*
3. *muss über die für eine angemessene Ernährung, Pflege und verhaltensgerechte Unterbringung des Tieres erforderliche Kenntnisse und Fähigkeiten verfügen,*
4. *muss, sofern dies objektiv zumutbar ist, Sorge dafür tragen, dass Personen, an die Tiere abgegeben oder zurückgegeben werden, über ausreichende Sachkunde und artgerechte Haltungsmöglichkeiten verfügen und in Verdachtsmomenten die zuständige Behörde informieren.*

(3) Wer Veranstaltungen austrägt, bei denen Tiere ausgestellt werden, in sportlichen Wettkämpfen genutzt werden oder antreten oder sonst wie Gegenstand des Veranstaltungsprogramm werden,

1. *muss dafür Sorge tragen, dass die Tiere während der Veranstaltung entsprechend ihrer Bedürfnisse ernährt, gepflegt und verhaltensgerecht untergebracht werden können,*
2. *muss sicherstellen, dass in Notsituationen eine ausreichende veterinärmedizinische Versorgung bereitgestellt werden kann,*
3. *muss auch durch geeignete Kontrollen sicherstellen, dass Verstöße frühestmöglich erkannt und beseitigt werden,*
4. *muss alle Anlagen und Aufbauten sowie Abläufe der Veranstaltung so gestalten, dass hiervon keine höhere*

Gefahr für die teilnehmenden Tiere ausgeht als die Teilnehmer objektiv erwarten müssen.

Die Einführung der Absätze 2 und 3 wie dargestellt würde eine Pflicht Personen, deren Tätigkeiten Tiere zum Gegenstand haben, definieren. Der Nutzen würde weit über den Pferdesport hinausgehen.

Die beschriebenen Absätze definieren Grundpflichten, die auch diese Personengruppen neben den Haltern nach dem allgemeinen Rechtsverständnis haben sollten. Die Pflichten orientieren sich dabei erstens an den jetzigen Halterpflichten des § 2 TierSchG und zweitens an den festgestellten Problemlagen.

Ausnahmen sind dort eingeführt, wo eine Pflicht eine übermäßige wirtschaftliche Belastung bedeuten und somit unverhältnismäßig sein würde.

Vorschlag zur Einführung einer Tierschutz-Pferdehaltungsverordnung

Anm.: Dieser Vorschlag orientiert sich an den PferdHaltL und gibt teilweise deren Inhalt wieder.

Eingangsformel

Das Bundesministerium für Verbraucherschutz, Ernährung und Landwirtschaft verordnet [...]

§ 1 Anwendungsbereich

(1) Diese Verordnung gilt für das Halten von Equiden (*Equidae*).

(2) Die Vorschriften dieser Verordnung sind nicht anzuwenden

1. auf Tiere, die als landwirtschaftliche Nutztiere im Sinne der Tierschutz-Nutztierhaltungsverordnung gehalten werden,
2. während des Transportes,
3. während tierärztlicher Behandlungen, soweit nach dem Urteil des Tierarztes im Einzelfall andere Anforderungen an die Haltung notwendig sind,
4. auf Haltungen zu Versuchszwecken im Sinne des § 7 Absatz 2 des Tierschutzgesetzes,
5. die Haltung exotischer Equiden in Zoos und
6. für die Unterbringung auf Pferdesportveranstaltungen.

§ 2 Allgemeine Haltungsanforderungen

(1) Wer Equiden hält, überwiegend betreut oder unterbringt, hat sicherzustellen,

1. dass eine ausreichende, wesensgerechte soziale Interaktion zu anderen Equiden ständig ermöglicht wird,
2. dass jedem Tier eine ausreichende, unkontrollierte Bewegung auf einer Weidefläche gewährt wird,
3. dass Liege- und Ruheflächen vorhanden sind, die dem Sicherheits- und Komfortbedürfnis des Tieres genügen,
4. dass eine bodennahe, ruhige Fütterung, überwiegend mit Heu, Silage oder Rohfaser, stattfinden kann, und

5. dass alle für das Tier verantwortlichen Personen für die jeweilige Aufgabe über die notwendige Sachkunde verfügen.

(2) Die Anbindehaltung sowie die Haltung von Equiden ohne Artgenossen sind verboten.

(3) Ausnahmen von Ziffern 1 bis 4 sind zulässig, sofern sie im Einzelfall nach tierärztlicher Beurteilung gerechtfertigt erscheinen. Ausnahmen sind ferner über einen begrenzten Zeitraum zulässig, sofern sie durch eine Notlage gerechtfertigt sind.

§ 3 Soziale Interaktion

(1) Für die Haltung von Equiden genutzte Stallungen und Flächen müssen so geschaffen sein, dass eine ausreichende soziale Interaktion stattfinden kann. Mindestens muss ständiger Sicht-, Hör- und Geruchskontakt möglich sein.

(2) Equiden dürfen nicht ohne Artgenossen gehalten werden.

(3) Fohlen und Jungpferde müssen in Gruppen gehalten werden. Die Gruppen sollten aus gleichaltrigen und älteren Pferden bestehen.

(4) Ausnahmen sind zulässig, sofern sie nach tierärztlicher Einschätzung durch Vorliegen einer Verhaltensstörung notwendig erscheinen.

§ 4 Bewegungsmöglichkeiten und Beschäftigung

(1) Equiden muss die Möglichkeit zu mindestens vier Stunden unkontrollierter Bewegung auf einer begrünten Fläche gewährt werden.

(2) Ferner sind Equiden mindestens vier Stunden am Tag mindestens im Rahmen kontrollierter Bewegung (etwa Ausbildung, Training, Reiten oder Fahren bzw. Bewegung in Führanlagen) oder auf nicht beweideten Flächen zu gewähren.

(3) Ausnahmen sind zulässig, sofern aus tierärztlicher Sicht der körperliche Zustand diese rechtfertigen.

§ 5 Ruhemöglichkeiten

(1) Equiden sind mehrere, über den Tag verteilte, alters- und wesensgerechte Ruhephasen zu gewähren.

(2) Für jedes Tier muss eine Liegefläche vorhanden sein, die von ihrer Fläche her den gesamten Körper des Tieres in Seitenlage aufnehmen kann, mit weichem und trockenem Material bedeckt ist und von der Lage her dem Sicherheitsbedürfnis des Pferdes entspricht.

(3) Es ist verboten, ein Pferd während der Schlafphase außer in Notlagen absichtlich zu wecken.

§ 6 Futter- und Wasseraufnahme

(1) Equiden müssen ständig Zugang zu nicht verschmutztem Wasser haben. Das Wasser muss regelmäßig auf Verunreinigungen und Kontaminationen geprüft werden.

(2) Die Fütterung muss bodennah erfolgen.

(3) Das Futter muss zum überwiegenden Teil aus Rohfaser bestehen.

(4) Die Fütterung muss über einen längeren Zeitraum und ohne vermeidbare Störungen erfolgen.

(5) Sofern natürliches, rohfaserreiches Futter (Langstroh als Einstreu, Weidegras) nicht ständig angeboten wird, ist ein Ersatz mindestens zwölf Stunden am Tag zur Verfügung zu stellen.

(6) Der Halter muss geeignete Mittel ergreifen, um eine übermäßige Nahrungsaufnahme oder unerwünschte Fütterung durch Dritte zu vermeiden.

(7) Der Halter muss bei Gruppenhaltung durch eine ausreichende Zahl an Fressplätzen sicherstellen, dass jedes Pferd ausreichend Nahrung aufnehmen kann.

(8) Ausnahmen von den Absätzen 1, 2, 3,4 und 5 sind zulässig, sofern sie nach tierärztlicher Einschätzung notwendig sind.

§ 7 Sachkunde

(1) Wer Equiden hält oder überwiegend betreut, muss die dafür notwendige Sachkunde besitzen und auf Anfrage der zuständigen Behörde nachweisen können.

(2) Über die notwendige Sachkunde verfügt, wer

1. eine abgeschlossene staatlich anerkannte oder sonstige Aus- und Weiterbildung absolviert hat, die zum Umgang mit Equiden befähigt, oder
2. aufgrund des beruflichen oder sonstigen Umgangs mit Equiden, beispielsweise durch langjährige erfolgreiche Haltung, die erforderlichen Kenntnisse erworben hat.

(3) Über die notwendige Sachkunde verfügt insbesondere, wer

1. einen Sachkundenachweis nach den Richtlinien der Deutschen Reiterlichen Vereinigung e.V. (FN) besitzt,
2. einen Sachkundenachweis im Sinne des § 11 Tierschutzgesetz besitzt, oder
3. eine Berufsausbildung zum Pferdewirt oder Pferdepfleger abgeschlossen hat.

(4) Sofern die Anzahl der gehaltenen oder überwiegend betreuten Pferde drei Tiere nicht übersteigt, genügt als Sachkundenachweis der Basispass Pferdekunde nach den Richtlinien der Deutschen Reiterlichen Vereinigung e.V. (FN) oder ein vergleichbares Abzeichen in Verbindung mit einer mindestens zweijährigen Erfahrung im Umgang mit Pferden.

(5) Sofern vom Halter Personen mit einzelnen Aufgaben der Pflege oder Betreuung von Equiden beauftragt werden, müssen diese in ihre Tätigkeit eingewiesen werden. Dies gilt nicht, wenn die Personen über die für ihre Aufgabe notwendige Sachkunde verfügen.

§ 8 Pflegemaßnahmen

(1) Das natürliche Pflegeverhalten von Equiden darf nicht mehr als vermeidbar eingeschränkt werden. Sofern es eingeschränkt wird, sind diese Einschränkungen durch geeignete Pflegemaßnahmen ausgeglichen werden.

(2) Pflegemaßnahmen dürfen die natürliche Funktion von Haarbewuchs und Haut nicht beeinträchtigen. Das Eindecken und das Scheren des Fells sind nur im notwendigen Rahmen zulässig. Es ist verboten,

1. Pflegemittel einzusetzen, die die natürliche Schutzfunktion von Haut und Fell derart beeinträchtigen, dass in Folge dessen schädliche Hautveränderungen, Parasitenbefall oder eine verstärkte schädliche Einwirkung von Insekten, Sonnenstrahlung oder körpereigenen Sekreten auftreten können,
2. Tasthaare, Wimpern sowie Haare innerhalb der Ohrmuscheln zu entfernen oder zu kürzen,
3. Mähne und Schweif dauerhaft einzubinden oder einzuflechten, sofern hierdurch Schmerzen verursacht werden oder sie nicht nach höchstens einem Tag gelöst werden,
4. ohne besonderen Grund das Fell oder die Mähne auch stellenweise ganz zu entfernen.

(3) Der Halter muss dafür Sorge tragen, dass das Fell der Tiere möglichst wenige Verunreinigungen aufweist.

(4) Hufe sind regelmäßig zu pflegen und frei von Steinen und sonstigen Gegenständen, die sich durch normale Bewegung nicht selbstständig lösen, zu halten. Unbeschlagene Pferde sind in der Regel alle 6 bis 8 Wochen auf Stellung und Abnutzung der Hufe zu kontrollieren. Falls erforderlich, ist für eine geeignete Behandlung zu sorgen.

(5) Equiden sind regelmäßig und beim Auftreten gesundheitlicher Probleme einem Tierarzt vorzuführen. Der Halter hat für eine regelmäßige Entwurmung, Zahnkontrolle und Impfung gemäß Empfehlung des behandelnden Tierarztes zu sorgen. Die regelmäßige Schutzimpfung gegen Tetanus ist verpflichtend.

(6) Ausnahmen von Absatz 2 sind zulässig, soweit sie nach tierärztlicher Einschätzung erforderlich sind.

§ 9 Witterungsschutz

(1) Solange sie im Freien gehalten oder untergebracht werden, ist Equiden ein angemessener Witterungsschutz zur Verfügung zu stellen.

(2) Ein Witterungsschutz muss alle im Freien befindlichen Tiere gleichzeitig aufnehmen und vor ortsüblichen ungünstigen Witterungsbedingungen schützen können.

§ 10 Einzäunung

(1) Die Einzäunung von Weide- und Auslaufflächen muss größtmögliche Sicherheit für Mensch und Tier gewährleisten. Sie muss gut sichtbar, stabil und ausbruchsicher sein.

(2) Die Zaunausführung muss nach geeigneten Kriterien wie Anzahl, Rasse und Geschlecht der Pferde, Art, Lage und Größe der Fläche und Futterangebot sowie Beweidungsform angemessen gewählt werden. Engpässe sind zu vermeiden.

(3) Stacheldrahtzäune sind verboten.

(4) Für die Ausführung von Zäunen gelten die in Anlage I dieser Verordnung[174] aufgeführten Richtwerte als Mindestmaß.

§ 11 Bodenbeschaffenheit in Außenbereichen

(1) Der Boden muss so beschaffen sein, dass alle auf einer Auslauf- oder Weidefläche befindlichen Tiere gleichzeitig auf trockenen und festen Bodenflächen außerhalb des Stalls oder Witterungsschutzes stehen können. Das Halten von Equiden auf morastigem Boden oder Boden mit erheblicher Staunässe über einen längeren Zeitraum ist verboten.

(2) Sofern der natürliche Boden den Anforderungen des Absatz 1 nicht genügt, ist durch künstlichen Bodenaufbau oder Entwässerung eine geeignete Bodenbeschaffenheit herzustellen.

---

[174] Wiedergabe der unter Ziff. 3.1.2 der PferdHaltL aufgeführten Richtwerte.

§ 12 Bodenbeschaffenheit in Stallbereichen

(1) Der Bodenbelag im Aufenthaltsbereich der Pferde muss trittsicher und rutschfest sein sowie den hygienischen Anforderungen genügen. Zum Aufenthaltsbereich zählen auch die Stallgasse sowie Wasch-, Putz-, Beschlag- und Behandlungsplätze oder Reithallen und Reitplätze.

(2) Der Boden im Liegebereich muss trocken und verformbar sein. Alle Liegeflächen sind mit nässebindendem Material einzustreuen.

(3) Einstreu muss rechtzeitig entfernt werden, bevor Schadgase, Schädlingsansammlungen oder Schimmelpilze im gefährlichen Maße entstehen können.

(4) Einstreu muss frei von Schadstoffen, Giften oder schädlichen Gegenständen sein.

(5) Es ist verboten, Pferde auf einem Boden zu halten oder zu bewegen, der ein erhebliches Sturzrisiko birgt.

(6) Ausnahmen von den Absätzen 1 bis 2 sind zulässig, soweit sie nach tierärztlicher Einschätzung erforderlich sind.

§ 13 Stallklima

(1) Ställe sollten eine Luftqualität aufweisen, die der der Außenluft ähnelt. Sie soll frei von Keimen und Schadgasen sein. Eine ausreichende Belüftung muss gewährleistet sein.

(2) Als Höchstwerte gelten bei der Konzentration von

1. Ammoniak (NH_3) 10 ppm, sofern dieser Wert nicht nur kurzfristig überschritten wird,
2. Kohlendioxid (CO_2) 1.000 ppm oder 0,10 Volumenprozent,
3. Schwefelwasserstoff (H_2S) 0,2 ppm.

Bei einer Überschreitung dieser Grenzwerte muss durch Belüftungsmaßnahmen und Reinigung der Ställe die Einhaltung der Grenzwerte befördert werden.

(3) Die Luftfeuchtigkeit darf dauerhaft 80 % nicht überschreiten und 60 % nicht unterschreiten. Die Luftgeschwindigkeit muss mindestens 0,2 m/s betragen.

§ 14 Lichtverhältnisse

(1) Die Fensterfläche muss mindestens $^1/_{20}$ der Stallfläche betragen. Bei Verschattung ist die Fensterfläche entsprechend zu erhöhen.

(2) Innerhalb des Stalls muss die Beleuchtungsstärke im überwiegend großen Teil des Stalls für mindestens 8 Stunden am Tag mindestens 80 Lux betragen.

§ 15 Spezielle Anforderungen an einzelne Haltungsformen

(1) Die Anforderungen an einzelne Haltungsformen sowie zulässige Haltungsformen sind in Anlage II[175] dieser Verordnung als verbindliche Anforderungen aufgeführt.

(2) Ausnahmen sind zulässig, sofern diese nach tierärztlicher Einschätzung erforderlich sind.

§ 16 Bauausführung und Maße

(1) Die in Anlage III[176] dieser Verordnung ausgeführten Bauausführungen und Maße sind verbindlich als Mindestmaß einzuhalten.

(2) Ausnahmen sind zulässig, sofern diese nach tierärztlicher Einschätzung erforderlich sind oder die Unterbringung nur vorübergehend erfolgt.

§ 17 Ordnungswidrigkeiten

(1) Ordnungswidrig im Sinne des § 18 Absatz 1 Ziffer 3 Lit. a Tierschutzgesetz handelt, wer vorsätzlich oder fahrlässig

---

[175] Wiedergabe der Haltungsanforderungen unter Ziff. 3.4 der PferdHaltL.
[176] Wiedergabe der Bauausführungen und Maße unter Ziff. 4 und 5 der PferdHaltL.

1. einem Verbot nach § 1 Absatz 2, § 3 Absatz 2, § 5 Absatz 3, § 8 Absatz 2 Satz 3 oder § 10 Absatz 3 dieser Verordnung zuwiderhandelt, oder
2. die notwendige Sachkunde nach § 7 nicht besitzt oder nicht nachweisen kann.

(2) Ordnungswidrig im Sinne des § 18 Absatz 1 Ziffer 3 Lit. a Tierschutzgesetz handelt auch, wer

1. einem Gebot nach § 2 Absatz 1 dieser Verordnung zuwiderhandelt,
2. die soziale Interaktion entgegen § 3 einschränkt,
3. die Bewegungs- und Beschäftigungsmöglichkeiten entgegen § 4 einschränkt,
4. entgegen § 4 keine ausreichenden Ruhemöglichkeiten gewährt,
5. entgegen § 6 keine artgerechten Möglichkeiten der Futter- und Wasseraufnahme oder nicht artgerechtes Futter zur Verfügung stellt,
6. entgegen § 8 schädliche Pflegemaßnahmen anwendet,
7. entgegen § 8 nicht ausreichende Pflegemaßnahmen anwendet oder ein Tier verwahrlosen lässt,
8. entgegen § 8 keine ausreichende veterinärmedizinische Versorgung sicherstellt,
9. eine Mindestanforderung an bauliche Voraussetzungen nach den §§ 9, 10, 11, 12, 15 oder 16 auch nach schriftlicher Aufforderung durch die zuständige Behörde nicht in angemessener Zeit erfüllt,
10. die Grenzwerte für Schadgase in Stallungen nach § 13 nicht einhält,
11. entgegen § 14 auch nach schriftlicher Aufforderung durch die zuständige Behörde nicht in angemessener Zeit die notwendigen Lichtverhältnisse herstellt oder
12. eine Mindestanforderung nach den §§ 9, 10, 11, 12, 15 oder 16 einem betreuten oder gehaltenen Tier nicht einhält,

sofern hierdurch bereits feststellbare Schäden, Schmerzen oder Leiden an einem Tier entstanden sind.

§ 18 Inkrafttreten, Außerkrafttreten

Vorschlag zur Einführung einer Tierschutz-Pferdesportverordnung

Anm.: Dieser Vorschlag orientiert sich an den Leitlinien Tierschutz im Reitsport und gibt teilweise deren Inhalt wieder.

§ 1 Anwendungsbereich

(1) Diese Verordnung gilt für Wettbewerbe, Turniere und sonstige Sportveranstaltungen, bei denen Equiden beteiligt sind.

(2) Die Vorschriften dieser Verordnung gelten auch für die Unterbringung von Equiden auf Turnieren sowie die Ausbildung und das Training von Equiden.

§ 2 Begriffsbestimmungen

Im Sinne dieser Verordnung ist

1. Turnier jede Veranstaltung des Pferdesports,
2. Veranstalter die natürliche oder juristische Person, die für die Organisation und Austragung eines Turniers verantwortlich ist,
3. Teilnehmer jede Person, die an einem Turnier aktiv teilnimmt,
4. Schiedsrichter jede Person, die während eines Turniers gemäß Richtlinien eines Reitsportverbandes die Aufgaben eines Schiedsrichters wahrnimmt und die Teilnehmer bewertet oder Ordnungsmaßnahmen aussprechen kann,
5. Training die unmittelbare Vorbereitung auf das Turnier,
6. Pferd jedes Reittier, das bei einem Turnier eingesetzt wird; auch Ponys und Esel,
7. Turniertierarzt der für Kontrollen und Notfallversorgung zuständige Tierarzt auf dem Turniergelände,
8. Parcours der Aufbau an Hindernissen und Aufgaben entlang der Turnierstrecke,
9. Verfassungskontrolle eine tierärztliche Untersuchung der Leistungsfähigkeit und Teilnahmefähigkeit eines Pferdes,
10. Unterbringen das vorübergehende Unterbringen des Pferdes auf dem Turniergelände für die Dauer der Teilnahme,

11. Strafen das Zufügen auch unerheblicher Schmerzen zur Sanktion eines unerwünschten Verhaltens,
12. Treibmittel jedes Mittel, das zum Antreiben eines Pferdes verwendet werden kann.

§ 3 Allgemeine Pflichten des Veranstalters

Veranstalter von Turnieren sind verpflichtet,

1. eine tierschutzgerechte Unterbringung, Ernährung und Pflege der teilnehmenden Pferde während des Turniers zu ermöglichen,
2. die Anwesenheit eines Turniertierarztes sicherzustellen,
3. die veterinärmedizinische Versorgung im Notfall sicherzustellen und
4. für eine Beschaffenheit von Parcours und sonstigen Anlagen zu sorgen, die Leistungsvermögen und Bedürfnissen der teilnehmenden Pferde entsprechen und sichere Teilnahme am Turnier ermöglicht.

§ 4 Allgemeine Verbote

(1) Es ist verboten, als Veranstalter eines Turniers

1. Parcoursaufbauten einzusetzen, die nach den Richtlinien eines Reitsportverbandes unzulässig sind,
2. ein Turnier auszurichten, welches länger als einen Tag dauert, ohne Unterstellmöglichkeiten zur Verfügung zu stellen,
3. ein Turnier auszurichten, ohne dass ein Turniertierarzt anwesend ist,
4. einen Parcours aufzubauen oder Aufgaben zu stellen, denen ein durchschnittlicher Teilnehmer objektiv nicht gewachsen ist,
5. den Geländeplan nicht allen Teilnehmern auszuhändigen,
6. eine durch Richtlinien eines Reitsportsverbands vorgeschriebene Streckenbegehung nicht durchzuführen,
7. einen Teilnehmer zur Teilnahme zuzulassen, der offenkundig nicht über die notwendigen Fähigkeiten oder Er-

fahrungen verfügt oder dessen Pferd nicht über die notwendige Leistungsfähigkeit verfügt, sofern die Teilnahme durch den Veranstalter bestimmt werden kann.

(2) Es ist verboten, als Teilnehmer an einem Turnier

1. ein Pferd einer nach den Richtlinien eines Reitsportverbandes vorgeschriebenen Verfassungskontrolle zu entziehen, insbesondere durch Vorstellung eines anderen Pferdes,
2. nach Aufforderung durch eine verantwortliche Person, einen Turniertierarzt oder einen als solchen erkennbaren Träger eines öffentlichen Amtes die Teilnahme nicht abzubrechen,
3. die Teilnahme nicht abzubrechen, obwohl das Pferd erkennbare Anzeichen einer Überforderung zeigt,
4. das Pferd für einen Zeitraum von mehr als drei Stunden in einem Pferdehänger oder LKW unterzubringen,
5. Verletzungen nicht behandeln zu lassen,
6. mit einem Pferd anzutreten, an welchem eine Neurektomie durchgeführt oder ein Tracheotubus gelegt wurde,
7. die Teilnahme nicht abzubrechen, obwohl das Pferd sich offensichtlich gegen die Teilnahme sträubt oder
8. an einem Turnier teilzunehmen, dem das Pferd offenkundig nicht gewachsen ist.

(2) Es ist verboten, als Schiedsrichter bei offenkundiger Überforderung eines Pferdes die Teilnahme zuzulassen oder nicht abzubrechen.

(3) Es ist verboten, als Turniertierarzt bei erkennbarer fehlender Leistungsfähigkeit oder erkennbarer Verstöße eine Teilnahme zuzulassen oder nicht abzubrechen.

(4) Verboten sind

1. alle Behandlungen und Methoden, die durch Sensibilisierung der Beine eines Pferdes die Sprunghöhe verbessern sollen (Barren, präparierte Bandagen, Blistern etc.),
2. die Verwendung von schädigenden Beschlägen oder Gewichten an den Extremitäten,

3. das übermäßige Herunterziehen des Pferdekopfes auf die Brust, sofern über einen längeren Zeitraum oder wiederholt angewandt (Hyperflexion oder Rollkur),
4. das Tragen von Sporen, sofern der kontrollierte Einsatz nicht sichergestellt werden kann,
5. das Tragen von Sporen mit scharfen Kanten oder Spitzen,
6. das Schlagen mit Peitschen und Gerten an Kopf und Geschlechtsteilen,
7. der Einsatz von Treibmitteln zum Strafen und
8. der Einsatz von Riemen und Zügeln, die die Bewegungsfreiheit und Atmung des Pferdes beschränken.

§ 5 Treibmittel

(1) Treibmittel müssen so geschaffen sein, dass bei sachgerechter Anwendung das Entstehen von nicht unerheblichen Schäden, Schmerzen oder Leiden ausgeschlossen werden kann.

(2) Treibmittel müssen so angewendet werden, dass keine Verletzungen oder nicht unerheblichen Schmerzen, Schäden oder Leiden verursacht werden können.

(3) Treibmittel dürfen nur zur Unterstützung eingesetzt werden. Sie dürfen nicht vorherrschende Ausbildungsmethode sein. Sie dürfen nicht genutzt werden, um ein Pferd zu einer Leistung zu zwingen, die es offensichtlich verweigert.

§ 6 Zäumung

(1) Die Zäumung muss so geschaffen sein, dass sie die Bewegungsfreiheit des Pferdes so wenig wie möglich einschränkt und die Atmung nicht beeinträchtigt.

(2) Gebisse müssen so geschaffen sein, dass bei sachgerechter Anwendung keine Schmerzen oder Schäden an der Zunge und im Maul entstehen können.

(3) Gebisse und Zäumung sind regelmäßig auf Schäden zu überprüfen, die Verletzungen verursachen können, und zu reinigen.

(4) Zügelhilfen dürfen nicht übermäßig eingesetzt werden und müssen so gegeben werden, dass das Pferd hierdurch keine nicht unerheblichen Schmerzen erleidet.

§ 7 Hindernisse und Sportgeräte

(1) Hindernisse müssen dem Ausbildungsstand und der Kondition des Pferdes entsprechen. Bei Turnieren hat der Veranstalter sicherzustellen, dass Hindernisse der objektiv zu erwartenden Kondition und Ausbildung der teilnehmenden Pferde entsprechen.

(2) Hindernisse müssen so geschaffen sein, dass bei Kollisionen und Misslingen keine Verletzungen oder sonstige Gefahren für das Pferd entstehen.

(3) Hindernisse müssen so aufgebaut werden, dass sie nicht überraschend für Pferd und Reiter sind und keine versteckten Aufgaben stellen. Bei Turnieren muss durch Geländeskizzen oder Geländebegehungen sichergestellt werden, dass allen Teilnehmern die Strecke ausreichend bekannt ist.

(4) Sportgeräte wie Schläger oder Bälle müssen so gestaltet sein, dass die Gefahr von Schmerzen oder Schäden für das Pferd möglichst gering ist.

(5) Fahrzeuge müssen in technisch einwandfreiem Zustand sein, eine korrekte Anspannung erlauben und, soweit es sich nicht um Renn- und Trainingswagen des Trabrennsportes, Schlitten oder ähnliche Fahrgeräte handelt, mit funktionsfähigen Bremseinrichtungen ausgerüstet sein. Ihr Eigen- und Ladegewicht muß dem Leistungsvermögen der angespannten Pferde entsprechen. Die Anspannung hat so zu erfolgen, dass Verletzungen durch Fahrzeuge oder Fahrgeräte ausgeschlossen sind.

§ 8 Doping

[Wiedergabe der Absätze unter Ziff. IV. der Leitlinien Tierschutz im Pferdesport]

§ 9 Unterbringung auf Turnieren und Wettbewerben

(1) Auf Turnieren und Wettbewerben, die länger als einen Tag dauern, müssen Pferde in Ställen oder Unterständen untergebracht werden, die hinsichtlich ihrer Größe und Ausstattung den Mindestanforderungen der Tierschutz-Pferdehaltungsverordnung entsprechen. Zelte und mobile Ställe sind zulässig, sofern eine ausreichende Belüftung sichergestellt ist.

(2) Während des Turniers oder Wettbewerbs ist den Pferden mindestens für vier Stunden am Tag freie Bewegung auf einer begrünten Freifläche zu gewähren. Alternativ kann die Bewegung auf einer eingestreuten oder nicht begrünten Freifläche gewährt werden, wenn ausreichende Mengen an rohfaserreichem Futter zur Verfügung stehen.

(3) Die Anforderungen an Fütterung, Pflege und Stallklima der Tierschutz-Pferdehaltungsverordnung gelten entsprechend.

§ 10 Mindestanforderungen an Turniere und Wettbewerbe

(1) Während der gesamten Veranstaltung müssen ein Turniertierarzt und ein Turnierarzt sowie ein Hufschmied verfügbar sein. Es müssen ausreichende Möglichkeiten zur medizinischen Versorgung vor Ort und zum Abtransport sowie zur Euthanasie vor Ort vorhanden sein.

(2) Auch wenn die Richtlinien eines Reitsportverbandes dies nicht vorschreiben, ist jedes Pferd vor Veranstaltungsbeginn, bei mehrtägigen Veranstaltungen an jedem Veranstaltungstag, auf seine Verfassung hin zu überprüfen.

(3) Der Veranstalter hat sicherzustellen, dass Gelände, Aufbauten, Parcours und Anlagen den Tierschutzanforderungen entsprechen. Er hat im Zweifel den Rat einer sachkundigen Person einzuholen. Sachkundig sind insbesondere Amtsveterinäre, Tierärzte oder Personen, die im Rahmen einer Aus- oder Weiterbildung nach den Richtlinien eines nationalen Reitsportverbandes die Qualifikation als Schiedsrichter oder eine vergleichbare Qualifikation erworben haben.

§ 11 Anzeigepflicht

Der Veranstalter eines Turniers oder Wettbewerbs hat zwei Wochen vor Veranstaltungsbeginn der zuständigen Behörde die geplante Ausrichtung schriftlich anzuzeigen. Der Anzeige sind

1. der Ausschreibungstext,
2. eine Liste der genannten Teilnehmer,
3. eine Geländeskizze und eine Beschreibung der Aufgaben bzw. des Parcours,
4. eine Auflistung der auf dem Gelände vorhandenen Unterbringungs- und Versorgungseinrichtungen und
5. eine Auflistung der angeforderten Turniertierärzte, Turnierärzte, Hufschmiede und sonstigen Delegierten

beizufügen.

§ 12 Ausbildung

(1) Die Ausbildung eines Pferdes oder eines Reiters darf nur übernehmen, wer im Rahmen einer Aus- oder Weiterbildungsmaßnahme eines nationalen Reitsportverbandes die Qualifikation als Ausbilder oder Trainer oder eine vergleichbare Qualifikation erworben hat oder wer durch berufliche Ausbildung und Erfahrung einen gleichen Kenntnisstand aufweist.

(2) Die Ausbildung muss pferdegerecht und tierschutzgerecht erfolgen. Sie darf das Pferd nicht überlasten und muss sich an Alter und Entwicklungszustand des einzelnen Pferdes orientieren. Kenntnisse über das natürliche Verhalten der Pferde und deren Bedürfnisse sowie die tierschutzgerechte Haltung und Pflege sollen vermittelt werden.

(3) Im Vordergrund der Ausbildung soll eine vertrauensvolle und einfühlende Zusammenarbeit von Mensch und Pferd stehen.

§ 13 Mindestalter

(1) Ein Pferd muss

1. zum Beginn der Ausbildung mindestens das dritte Lebensjahr,
2. zur Teilnahme an Wettbewerben oder Turnieren mindestens das vierte Lebensjahr

vollendet haben.

(2) Ausnahmen von Absatz 1 Ziffer 2 bilden Leistungsschauen und Auktionen, die speziell auf Jungpferde ausgerichtet sind und bei denen die Pferde nicht geritten oder angespannt werden.

(3) Die Erziehung des Pferdes ist nicht Teil der Ausbildung.

§ 14 Erholung

Bei der Nutzung von Pferden sind ausreichende Erholungs- und Aufbauphasen zu gewähren.

§ 15 Stürze und Verweigerungen

Die Teilnahme an einer Veranstaltung oder eine Trainingsmaßnahme sind abzubrechen,

1. sofern es zu einem schweren Sturz (Bodenberührung durch Kopf, Hals, Rücken oder Brust) gekommen ist,
2. sofern nach einem leichten Sturz oder einer Kollision das Pferd verletzt wurde, mit Ausnahme von leichten, oberflächlichen Verletzungen,
3. nach zwei Stürzen im selben Start und
4. nach dreimaliger Verweigerung vor einem Hindernis.

§ 16 Ordnungswidrigkeiten

(1) Ordnungswidrig im Sinne des § 18 Absatz 1 Ziffer 3 Lit. a Tierschutzgesetz handelt, wer

1. einem Verbot nach § 4 zuwiderhandelt,
2. als Veranstalter einer Pflicht nach § 3 oder § 11 nicht nachkommt oder

3. als Veranstalter die Mindestanforderungen nach § 10 nicht erfüllt.

(2) Ordnungswidrig im Sinne des § 18 Absatz 1 Ziffer 3 Lit. a Tierschutzgesetz handelt ferner, wer

1. Treibmittel entgegen § 5 einsetzt,
2. Zäumung entgegen § 6 einsetzt,
3. Hindernisse oder Sportgeräte entgegen § 7 bereitstellt,
4. ein Pferd über Hindernisse, die nicht den Anforderungen des § 7 entsprechen, reitet oder Sportgeräte entgegen § 7 nutzt,
5. als Veranstalter die Voraussetzungen für eine tierschutzgerechte Unterbringung und Pflege entgegen § 9 und § 10 nicht erfüllt,
6. ein Pferd auf einer Veranstaltung entgegen § 9 nicht tierschutzgerecht unterbringt und pflegt,
7. die Ausbildungsgrundsätze des § 12 verletzt,
8. ein Pferd ausbildet oder antreten lässt, das nicht das Mindestalter nach § 13 erreicht hat,
9. einem Pferd die notwendige Erholung nach § 14 nicht gewährt oder
10. als Reiter, Veranstalter, Schiedsrichter oder sonst verantwortliche Person entgegen § 15 eine Teilnahme an einer Veranstaltung oder eine Trainings- oder Ausbildungsmaßnahme nicht abbricht,

sofern hierdurch nicht unerhebliche Schmerzen, Schäden oder Leiden an einem Pferd entstanden sind.

§ 17 Inkrafttreten, Außerkrafttreten

Anhang II – Vorschlag zu einem Kooperations- und Informationskonzept

Für eine effiziente und effektive Information und Aufklärung ist es zweckdienlich, ein landes- oder bundesweites Konzept zur Kooperation und Information zu schaffen.

Nicht zuletzt da der Pferdesport national organisiert ist und viele nationale Veranstaltungen stattfinden, erscheint eine bundesweite Koordination erforderlich.

Auf oberster Ebene könnte das Bundesministerium für Ernährung und Landwirtschaft eine ständige Arbeitsgruppe mit der FN unter Beteiligung von Tierschutzorganisationen, Tierärzten, dem Bundesministerium für Kultur und Sport und anderen Sachverständigen bilden. Möglich wäre auch eine Beteiligung anderer nationaler Reitsportverbände mit großer Bedeutung.

Aufgabe dieser Arbeitsgruppe könnte die ständige Fortentwicklung von Leitlinien und Verordnungen sein, auch Verbandsrichtlinien und Reglements könnten hier gemeinsam überarbeitet werden. Ebenfalls könnten die Beteiligten Informationsschriften und ähnliche Dokumente verfassen.

Informationen könnten auf zwei Wegen weitergegeben werden. Zunächst können bundesweite Informationsangebote ausgebaut werden, um beispielsweise im Rahmen von Merkblättern und Online-Datenbanken Informationen für Reiter und Pferdehalter bereitzustellen. Weiterhin könnten Informationen, insbesondere über Änderungen von Leidlinien oder Verordnungen an die Länder weitergereicht werden.

Auch bundesweite – teilweise Zielgruppenorientierte – Kampagnen wären denkbar, beispielsweise im Rahmen von Rundschreiben oder Medienauftritten. Eignen würden sich beispielsweise Rundfunkauftritte oder Plakataktionen während größerer Pferdesportveranstaltungen, an junge Reiter mit entsprechend gestalteten Broschüren oder Kampagnen in Fachzeitschriften.

Ein Informationsangebot speziell für Kinder und Jugendliche erscheint besonders geeignet, da diese sich in der Regel noch in einer frühen Ausbildungsphase befinden und empfänglicher für solche Informationen sind. Insbesondere ist anzunehmen, dass in einem jungen Alter die emotionale Bindung zum Pferd noch stärker ausgeprägt ist und eine auf Empfindsamkeit, Bedürfnisse und Partnerschaft abzielende Kampagne dort deutlich stärker wirken würde.

Informationen und Kampagnen, die eine breite Masse erreichen können, wären zudem geeignet, das Bewusstsein der Zuschauer für Tierschutzverstöße im Pferdesport zu sensibilisieren, wodurch die Zahl der angezeigten Verstöße steigen könnte.

Informationen der Verbände über Änderungen der Verbandsreglements könnten weiterhin über die verbandsinternen Informationswege weitertransportiert werden.

Je nach Voraussetzungen in den einzelnen Bundesländern könnte eine weitere Aufbereitung oder Anpassung an landeseigene Gegebenheiten der Informationen erfolgen; anschließend könnten die Länder eigene Informationsangebote erstellen oder im Rahmen von Aufklärungskampagnen an Schulen oder in Zusammenarbeit mit größeren Organisationen die Informationen weiterverbreiten.

Da die einzelnen Veterinärämter den engsten Kontakt zu örtlichen Pferdehaltern, Vereinen etc. halten, wäre es am sinnvollsten, die Flächendeckende Information über Verordnungs- bzw. Leitlinienänderungen auf Kreis- oder Stadtebene vorzunehmen. Hier wären Rundschreiben an alle Halter und Vereine denkbar, auch im Rahmen eines regelmäßig erscheinenden Informationsblattes.

Auch örtliche Kampagnen wären denkbar; so könnten beispielsweise Informationsveranstaltungen stattfinden oder im Rahmen von Ortsbesuchen bei Reitvereinen direkt vor Ort über tierschutzgerechte Haltung und Reitmethoden aufgeklärt werden.

Durch die Einrichtung von Kontaktstellen bei verschiedenen Akteuren könnte einerseits eine einheitliche Anlaufstelle für die Bevölkerung bei Fragen, Anregungen und Beschwerden bieten und andererseits den ständigen und ungestörten Informationsaustausch über alle Ebenen fördern.